Nous tenons à remercier pour leur relecture attentive et leurs conseils avisés :

Philip Lagarde, Commandant de bord (pages 17 à 58).
Thierry Perret, Président Aéro-Club Redonnais (pages 104 à 109).
Frédéric Voland, Officier Pilote de Ligne (pages 17 à 58).

L'imagerie des avions

Conception :
Émilie Beaumont

Textes :
Marie-Renée Guilloret

Illustrations :
Jacques Dayan
Andrea Galletti
Sebastian Quigley
(Linden Artists)
Giovanni Paulli - Pino Avonto -
Andrea Bianchi (M.I.A)

FLEURUS

FLEURUS ÉDITIONS, 15-27, rue Moussorgski, 75018 PARIS
www.fleuruseditions.com

LA CONQUÊTE DE L'AIR

VOLER COMME UN OISEAU

Avant de tenter de s'envoler, les hommes ont observé comment les oiseaux utilisent leurs ailes pour décoller, planer, atterrir.

De tout temps, l'homme a rêvé de voler. Des textes très anciens racontent comment il a cherché à s'élever dans les airs. Tel le récit du malheureux Icare, qui, pour échapper au Minotaure, colle des ailes sur son dos grâce à de la cire et s'envole. Mais s'approchant trop près du Soleil, la cire fond et Icare tombe à la mer.

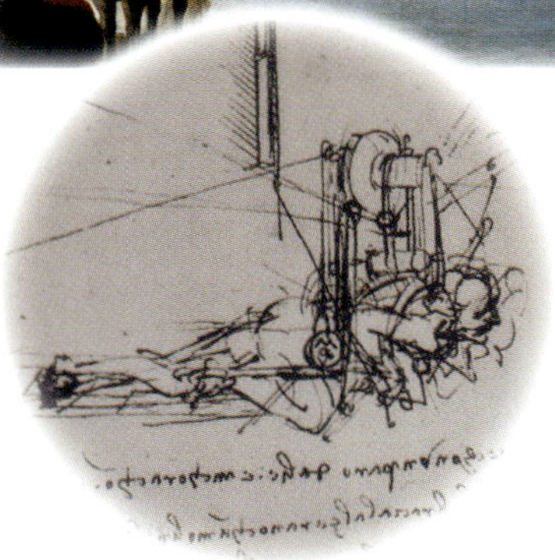

L'artiste Léonard de Vinci (1452-1519) a observé le vol des oiseaux et des chauves-souris. Il a dessiné de nombreuses « machines à battre des ailes », les ornithoptères, sans jamais les construire.

Pendant des siècles, les hommes ont inventé des machines imitant les ailes des oiseaux. Harnachés de câbles et de poulies, ils ont parfois sauté dans le vide, au péril de leur vie.

Au XIe siècle, en Angleterre, le moine Eilmer de Malmesbury se fabrique deux ailes de toile. Il s'élance de la tour de son abbaye, plane pendant environ deux cents mètres… et se casse les jambes en tombant !

En 1678, le Français Besnier tente de voler avec des ailes actionnées par ses pieds. Il parcourt de petites distances.

Vers 1889, l'Allemand Otto Lilienthal s'intéresse à la forme des ailes. Il est le premier à être photographié en vol.

LES PREMIÈRES MACHINES VOLANTES

Les hommes ont d'abord construit des planeurs qu'ils lançaient depuis une hauteur. Restait à leur ajouter un moteur pour inventer l'avion.

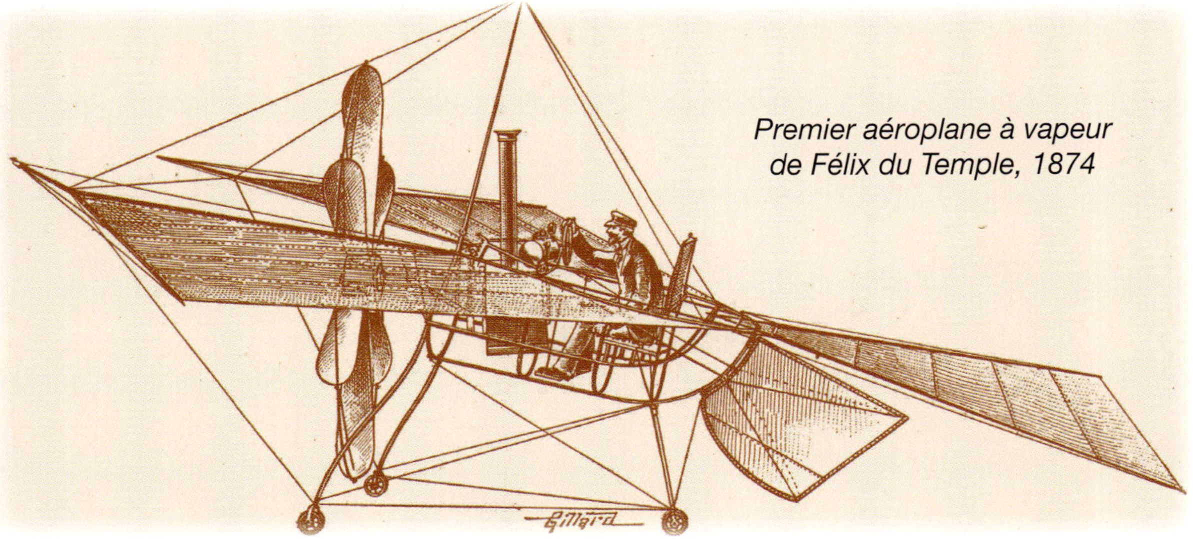

Premier aéroplane à vapeur de Félix du Temple, 1874

En 1857, le Français Félix du Temple fait décoller la première machine volante équipée d'un moteur entraînant une hélice. Il s'agit d'un modèle réduit. Dix-sept ans plus tard, son aéroplane à vapeur réussit un premier vol avec un pilote.

***L'Albatros** de Jean-Marie Le Bris, 1868*

Le Français Jean-Marie Le Bris essaie d'abord de faire décoller une barque ailée avant de fabriquer un planeur ressemblant à un oiseau avec de grandes ailes. On dit qu'il le fit voler en s'élançant d'une colline mais qu'il retomba brutalement.

Clément Ader a créé le mot « avion » à partir du latin *avis,* qui veut dire « oiseau ». Si l'on fait correspondre un mot à chaque lettre, on obtient Appareil Volant Imitant l'Oiseau Naturel.

L'Éole *de Clément Ader, 1890*

L'appareil ressemble à une chauve-souris. Son hélice est actionnée par un moteur à vapeur. On raconte qu'il s'est élevé d'une vingtaine de centimètres et a volé sur 50 mètres.

Le Flyer *des frères Wright, 1903*

Après de nombreux essais, Orville et Wilbur Wright équipent leur planeur d'un moteur à essence. En 1903, leur ***Flyer*** réussit à décoller et à voler pendant quelques secondes. En 1905, le ***Flyer III*** volera pendant 39 minutes.

DE RECORD EN RECORD

Plus les avions deviennent puissants, plus les pilotes tentent de battre des records de vitesse, de distance ou encore d'altitude.

En 1906, le Brésilien Alberto Santos-Dumont effectue un vol avec son ***14 Bis***. La toile est tendue sur des caissons de bambou et de roseau. Équipé d'un moteur, l'appareil réussit à voler pendant 21 secondes sur une distance de 220 m.

En 1908, le pilote français Henri Farman vole entre deux villes distantes de 27 km. C'est le premier trajet aérien. Avant lui, on décollait puis on revenait sur le même terrain.

Pour la première fois, en 1909, un pilote réussit une traversée au-dessus de la mer. C'est le Français Louis Blériot qui pilote son avion, le ***Blériot XI***. Le survol de la Manche, entre Calais (en France) et Douvres (en Angleterre), dure 37 minutes.

Les premiers pilotes étaient appelés des aviateurs. Puis on a distingué les pilotes de ligne, qui travaillent pour les compagnies aériennes, et les pilotes de chasse, qui sont des militaires.

En 1913, Roland Garros vole au-dessus de la Méditerranée. Il décolle du sud de la France et atterrit en Tunisie, parcourant ainsi 780 km en 7 heures et 53 minutes.

En 1927, l'Américain Charles Lindbergh réussit la traversée de l'Atlantique. Le vol dure 33 heures et 30 minutes.

Dès 1927, l'Aéropostale ouvre des lignes pour transporter le courrier vers l'Afrique ou l'Amérique du Sud. Chaque vol est une véritable aventure au cours de laquelle les aviateurs risquent leur vie, comme l'écrivain-pilote Saint-Exupéry ou Jean Mermoz.

Antoine de Saint-Exupéry

Jean Mermoz

L'HISTOIRE DES AVIONS DE LIGNE

Les premiers avions de ligne transportent peu de passagers. Très vite, ils en embarquent de plus en plus et parcourent de longues distances.

Le Boeing 247, 1933
Longueur : 15,72 m
Envergure (voir définition p. 21) : 22,56 m
Nombre de passagers : 10
Cet avion de ligne métallique disposait déjà d'un système de pilotage automatique.

Le Douglas DC-3, 1935
Longueur : 19,70 m
Envergure : 29 m
Nombre de passagers : 32

Très utilisé aux États-Unis, il effectuait de longs trajets (plus de 2 000 km).

Le Lockheed Constellation, 1943
Longueur : 29 m
Envergure : 37,90 m
Nombre de passagers : 80
D'abord avion militaire, il a ensuite été vendu pour assurer le transport de passagers.

Le Boeing 377 Stratocruiser, 1949
Longueur : 33,63 m
Envergure : 43,05 m
Nombre de passagers : 112
Ce gros avion luxueux possède deux ponts. Les passagers peuvent disposer de couchettes.

Arrive l'époque des jets : les avions n'ont plus d'hélices et les cabines sont améliorées pour que les passagers respirent mieux, même à haute altitude.

Le De Havilland, DH Comet, 1950
Longueur : 34 m
Envergure : 35 m
Nombre de passagers : 109

C'est le premier avion de ligne propulsé par un moteur à réaction et non plus par des hélices.

Le Boeing 707, 1957
Longueur : 44,04 m
Envergure : 39,87 m
Nombre de passagers : 181

Plus de 1 000 exemplaires de cet avion ont été vendus. Pour son premier vol commercial, il a relié Paris à New York.

La Caravelle, Sud Aviation, 1960
Longueur : 32,01 m
Envergure : 34,30 m
Nombre de passagers : jusqu'à 138
On a fabriqué plusieurs modèles de Caravelle.

Le Boeing 747, 1969
Longueur : 70,70 m
Envergure : 64,40 m
Nombre de passagers : 524

C'est le premier gros-porteur. Il accueille plus de 500 passagers et est utilisé sur de longs parcours.

Au fil des années, les avions sont de plus en plus gros et de plus en plus rapides. Les supersoniques sont capables de dépasser la vitesse du son (1 224 km/h), une allure incroyable !

Le Concorde, 1969
Longueur : 62,10 m
Envergure : 25,56 m
Nombre de passagers : 100

Cet avion à la silhouette d'oiseau atteignait deux fois la vitesse du son. Il pouvait parcourir 6 200 km sans faire d'arrêt et effectuer un Paris-New York en 3 h 45.

L'Airbus A340, 1991
Longueur : 59,39 m
Envergure : 60,30 m
Nombre de passagers : 440

Capable de transporter un grand nombre de passagers, il a battu des records de vitesse et de distance.

Le Boeing 777, 1994
Longueur : 63,70 m
Envergure : 60,90 m
Nombre de passagers : 425

C'est un long-courrier est un gros-porteur. Les modèles les plus puissants parcourent plus de 14 000 km sans escale.

L'A380, 2005
Longueur : 72,30 m
Envergure : 79,80 m
Nombre de passagers max. : 853

Ce géant de plus de 500 tonnes est le plus gros avion transporteur du monde.

LES AVIONS DE LIGNE

COMMENT VOLE UN AVION ?

Comment un avion qui pèse plusieurs centaines de tonnes peut-il rester en l'air et avancer ?

Quatre forces s'exercent sur l'avion lorsqu'il vole.

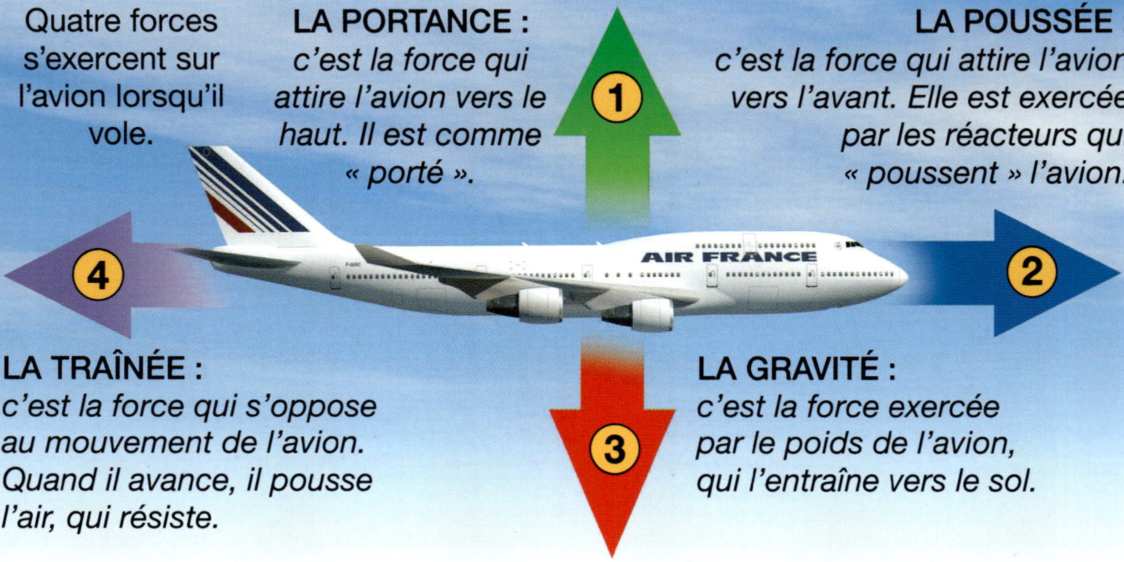

LA PORTANCE : *c'est la force qui attire l'avion vers le haut. Il est comme « porté ».*

LA POUSSÉE : *c'est la force qui attire l'avion vers l'avant. Elle est exercée par les réacteurs qui « poussent » l'avion.*

LA TRAÎNÉE : *c'est la force qui s'oppose au mouvement de l'avion. Quand il avance, il pousse l'air, qui résiste.*

LA GRAVITÉ : *c'est la force exercée par le poids de l'avion, qui l'entraîne vers le sol.*

EXPÉRIENCE

Tiens une feuille de papier comme le montre le dessin, puis souffle. La feuille va se soulever, comme le fait l'aile d'un avion.

L'aile d'un avion est légèrement bombée. L'air qui passe au-dessus s'écoule plus vite que l'air qui passe au-dessous. La différence produit un effet d'aspiration, l'aile se trouve soulevée, comme portée par l'air. C'est la portance. Plus l'avion avance vite, plus l'air s'écoule rapidement et l'effet de portance augmente. C'est pour cette raison que l'avion doit aller vite.

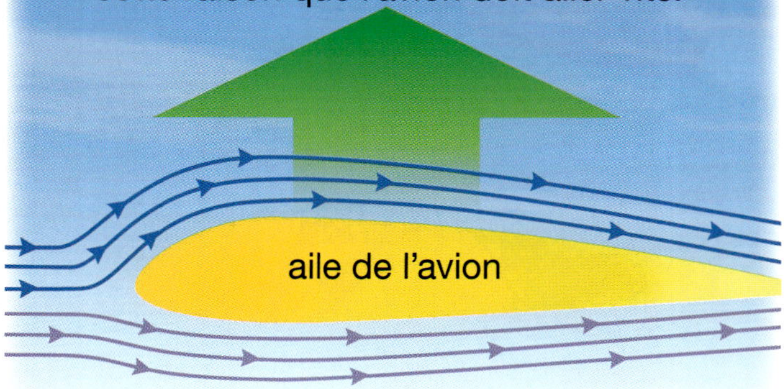

Les anciens avions s'élevaient grâce à une hélice actionnée par un moteur. Aujourd'hui, les avions sont équipés de puissants réacteurs.

Les pales de l'hélice ont le rôle d'une vis qui accrocherait l'air en tournant très vite.

L'air est aspiré, refoulé, puis recraché par les réacteurs. L'avion est alors propulsé vers l'avant.

Sans la dérive, située sur la queue de l'avion, l'appareil avancerait en crabe et non bien droit.

Le pilote dirige le manche vers la droite : l'aileron droit se lève, l'avion penche et tourne.

UN AVION DE LIGNE : L'A380

L'Airbus A380 est le plus gros avion de transport de passagers au monde. Il peut parcourir 15 700 km sans escale à 1 020 km/h.

Les réacteurs : *ce sont les moteurs. C'est grâce à leur puissance que l'avion décolle et vole. Ensemble, ils dégagent la même puissance que 2 500 voitures !*

Le cockpit : *c'est la cabine de pilotage.*

Le radôme : *il se trouve au bout du nez de l'avion. Il abrite l'un des radars et son antenne.*

Le train d'atterrissage : *il permet à l'avion de se poser sur le sol en douceur. Le* ***train avant*** *est composé de deux roues jumelles.*

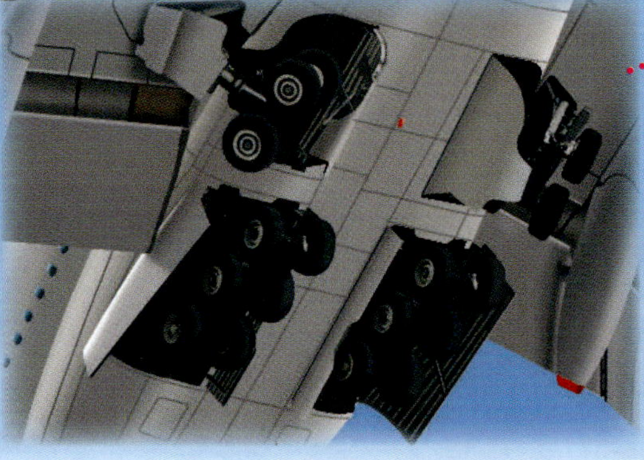

Le train principal : *il comporte 20 roues qui supportent les 562 tonnes de l'appareil. Ainsi, 2 trains de 4 roues sont fixés sous les ailes, et 2 trains de 6 roues sous le fuselage.*

Les ailerons : *un aileron se trouve au bout de chaque aile. Lorsque l'un s'élève, l'autre s'abaisse : l'avion s'incline et tourne.*

Les volets : *ce sont de petites pièces mobiles placées à l'arrière de l'aile. Ils sont déployés à l'atterrissage. L'avion peut atterrir en douceur, comme un oiseau qui déploie ses plumes pour ralentir avant de se poser.*

Les réservoirs : *les 11 réservoirs contiennent au maximum 320 000 litres de kérosène. Les plus gros sont dans les ailes, les autres sont dans le fuselage et dans la queue de l'avion.*

Le fuselage : *il abrite le cockpit, les cabines des passagers et les soutes. On y ancre les ailes, l'empennage, les trains d'atterrissage et le nez de l'avion.*

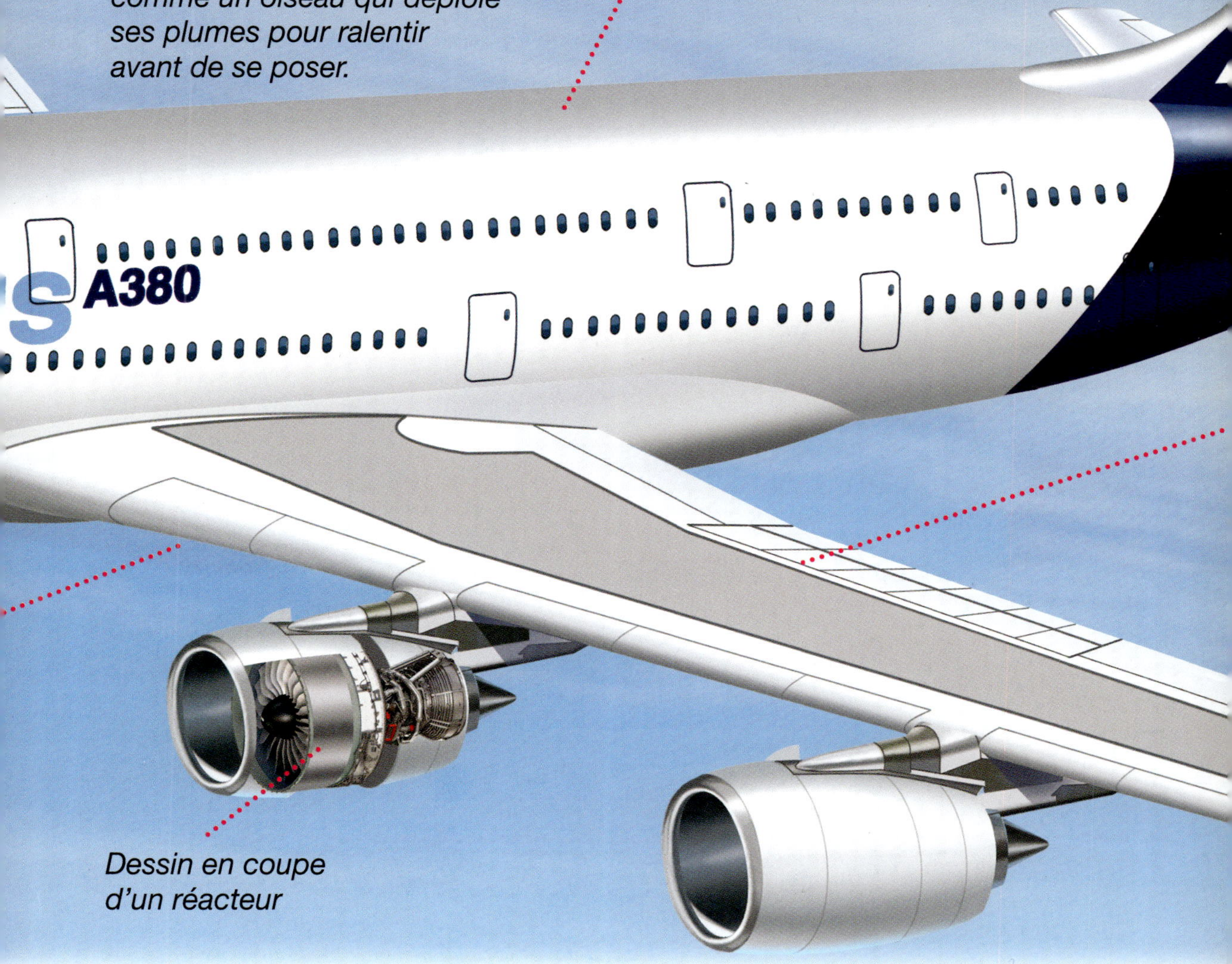

Dessin en coupe d'un réacteur

Pendant le vol, on a le choix entre de nombreux films ou des émissions de télévision. On peut aussi se distraire avec des jeux vidéo ou en écoutant de la musique grâce à des écrans et des casques individuels.

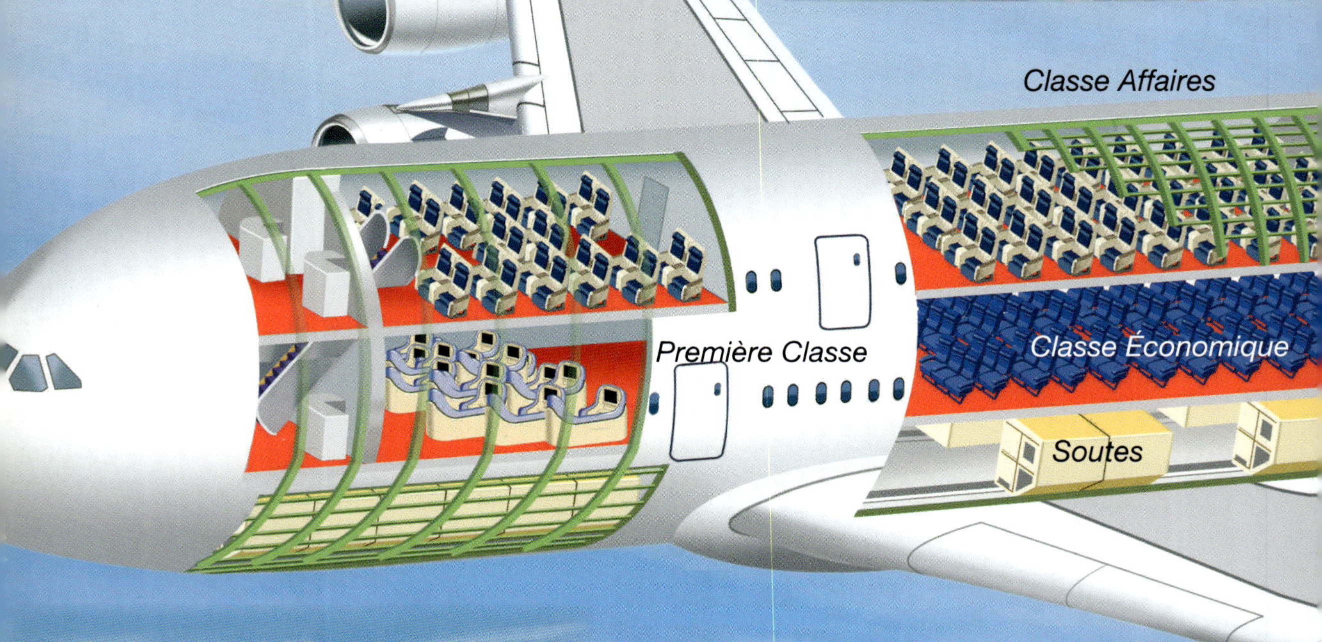

Les bagages sont transportés en soute. Des marchandises peuvent également y être chargées. Le poids du chargement des soutes est connu précisément : il sert à évaluer le carburant nécessaire pour le vol.

À L'INTÉRIEUR DE L'A380

Le plus grand avion commercial du monde, l'Airbus A380, transporte de 400 à 850 passagers et membres d'équipage.

Le cockpit, c'est le poste de pilotage. Sur les écrans s'affichent les informations utiles aux pilotes : la météo, la position de l'avion, le fonctionnement des appareils de bord...

Selon leur billet, les passagers s'installent dans l'avion en classe Économique, en classe Affaires ou en Première classe. Cette dernière est la plus confortable et la plus spacieuse, donc la plus chère. Certaines compagnies n'ont pas de rangée 13 dans leurs avions. Des passagers ont peur que cela leur porte malheur.

L'empennage : *c'est la queue de l'avion. L'empennage est composé de la dérive, de la gouverne de direction et de la gouverne de profondeur.*

La dérive : *elle permet à l'avion de garder la bonne direction.*

La gouverne de direction : *elle sert à rester dans le bon axe par rapport aux mouvements de l'air autour de l'appareil.*

La gouverne de profondeur : *elle permet de monter ou de descendre.*

Le stabilisateur : *il empêche l'avion de tanguer.*

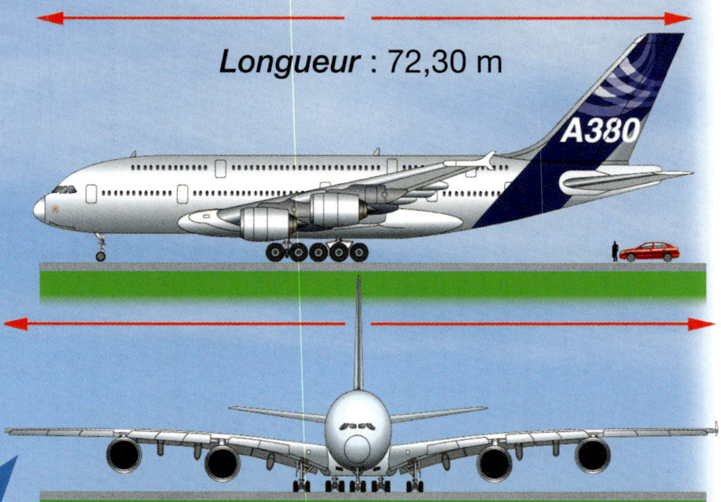

Les aérofreins *sont relevés pendant les phases d'approche et d'atterrissage. Ainsi, l'avion descend et ralentit plus rapidement.*

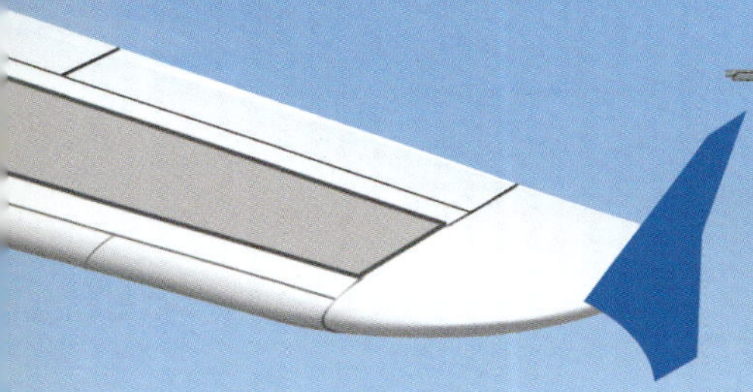

L'envergure *de l'avion est la distance d'un bout d'une aile à l'autre. Pour l'A380, elle mesure presque 80 m !*

CONSTRUIRE UN AVION DE LIGNE

Le constructeur d'avions prévoit environ quinze ans pour l'étude et la construction d'un avion ! Cela nécessite des millions d'euros.

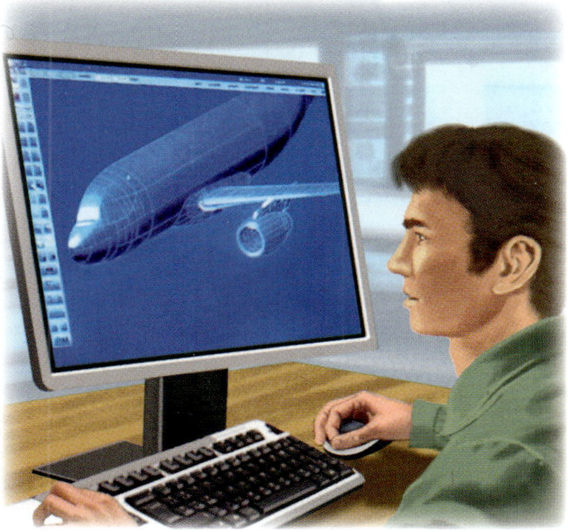

Ingénieurs et techniciens travaillent avec des programmes informatiques pour dessiner le futur avion.

Une maquette de l'avion est testée en soufflerie. Elle doit résister au passage de 10 tonnes d'air par seconde !

Les constructeurs prévoient comment faire évoluer l'avion : ils peuvent construire des modèles plus ou moins longs, plus ou moins lourds, plus ou moins puissants. Dans la famille Airbus, l'A318, le plus petit des moyen-courriers, parcourt 3 700 km sans escale et transporte 100 passagers. L'A380 est un très-long-courrier : il parcourt 15 700 km et accueille entre 400 et 850 passagers. Entre ces deux appareils, plusieurs modèles ont été conçus.

La forme ovale de l'A380 a permis d'aménager deux ponts et d'accueillir plus de passagers. Le cockpit est à mi-hauteur, entre les deux ponts.

Les bagages à main sont rangés dans les casiers situés en hauteur et sur les côtés des sièges.

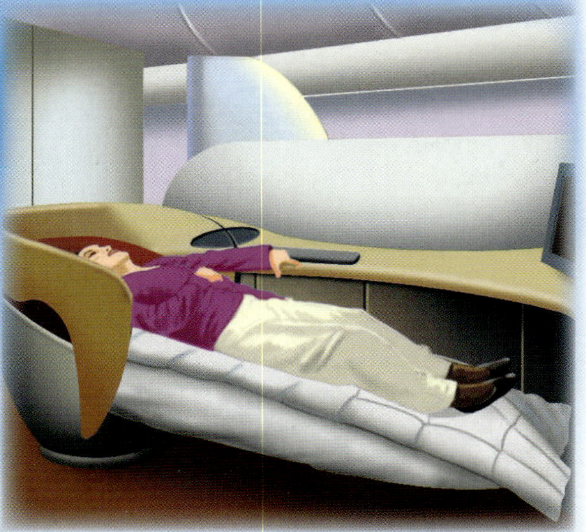

L'avion est silencieux et chacun peut se reposer. En Première classe, les fauteuils se transforment même en lits.

Les passagers ont le choix entre plusieurs bars répartis sur les deux ponts de l'appareil.

Pour passer d'un pont à l'autre, on emprunte un escalier droit à l'avant ou un escalier en colimaçon à l'arrière.

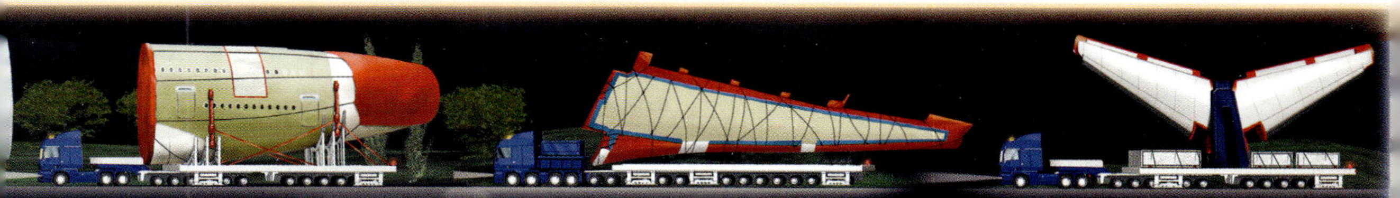

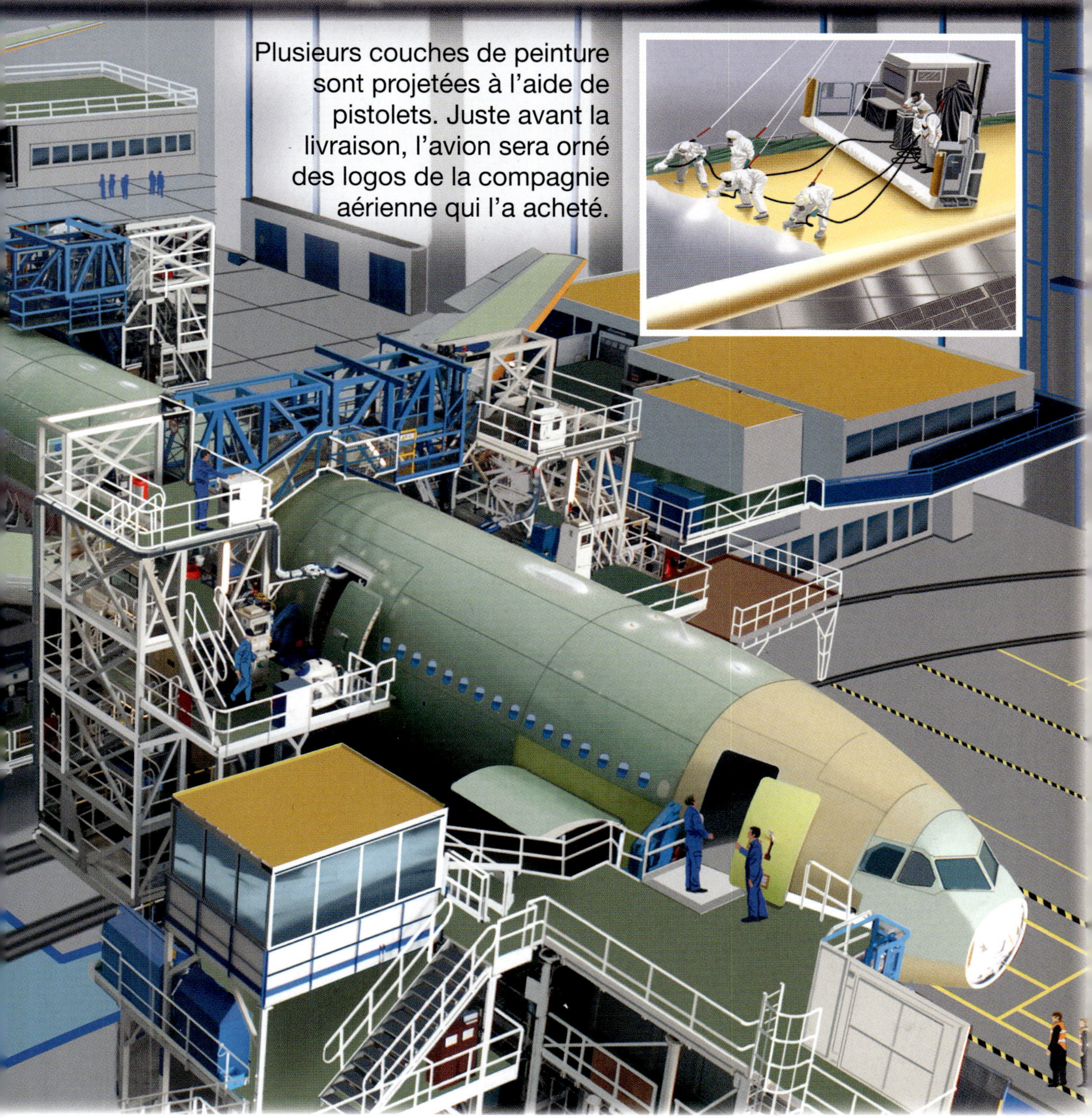

Plusieurs couches de peinture sont projetées à l'aide de pistolets. Juste avant la livraison, l'avion sera orné des logos de la compagnie aérienne qui l'a acheté.

Le personnel s'occupe de gérer le trafic et veille à la sécurité de tous. Dans un grand aéroport, on peut compter plus de mille décollages et atterrissages chaque jour !

1 ***Le terminal :*** *c'est l'aérogare dans laquelle les passagers entrent afin de prendre leur avion. Certains aéroports disposent de plusieurs terminaux. L'un sert par exemple aux vols à l'intérieur du pays, l'autre aux vols vers l'étranger.*

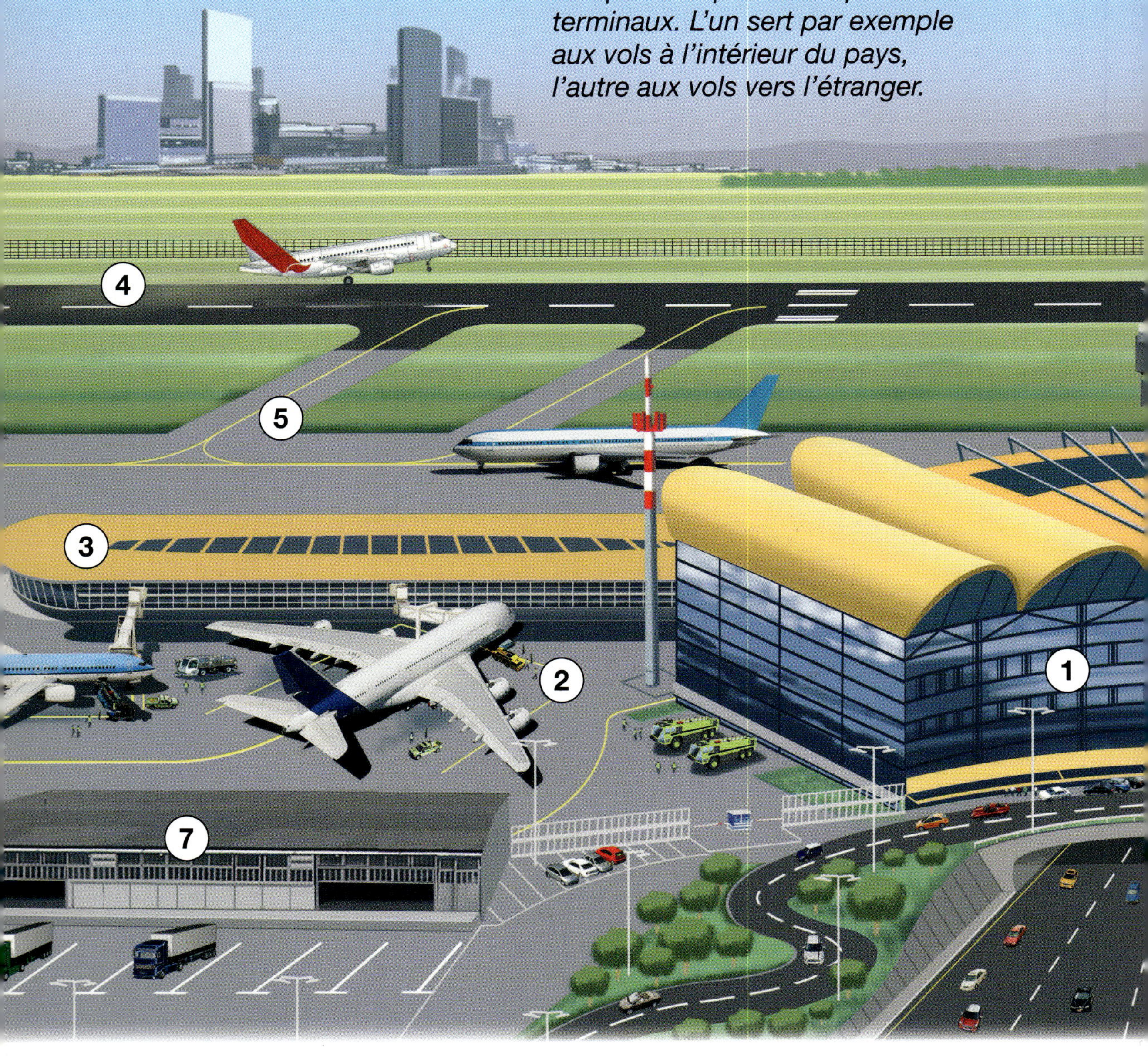

Sur l'A380, une caméra fixée sur l'empennage permet de voir en direct le décollage et l'atterrissage depuis son écran individuel. D'autres caméras placées sur le fuselage proposent des images du vol.

Les deux niveaux qui accueillent les passagers sont appelés les ponts, comme sur un bateau. Au-dessous se trouvent les soutes.

Les pièces peuvent être produites dans des usines très éloignées les unes des autres. Elles sont ensuite acheminées vers le site d'assemblage par avion-cargo, par bateau ou par de gigantesques convois de camions avec remorques.

Les réacteurs vont être fixés sous les ailes de l'avion. Ce sont des pièces importantes et très coûteuses. Elles sont posées presque à la fin.

Une chaîne d'assemblage comme celle de l'A380 est abritée sous un immense hangar ! Chaque mois, on peut livrer 3 avions.

UN AÉROPORT

C'est comme une grande ville avec des bâtiments pour accueillir les passagers, pour réceptionner les marchandises, pour entretenir les avions. Les appareils y circulent sur les taxiways et les pistes.

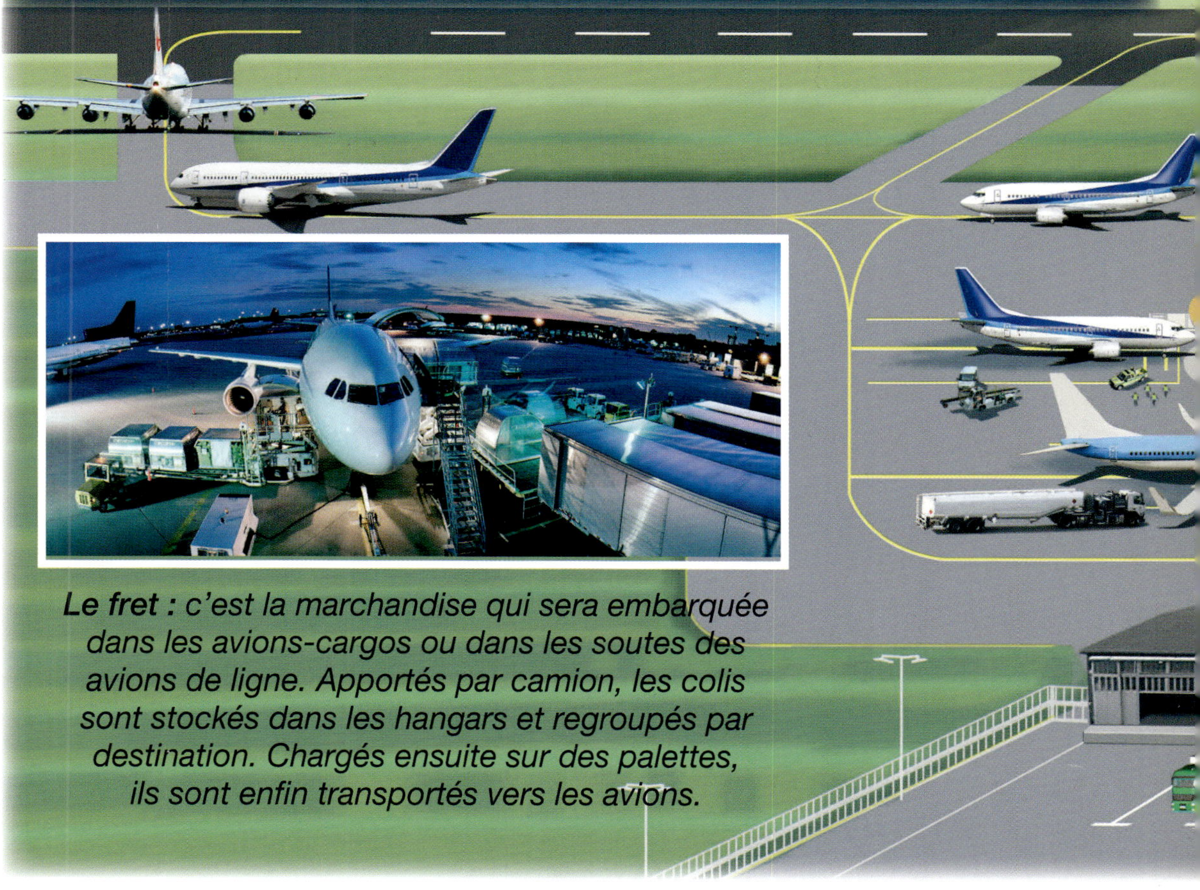

***Le fret :** c'est la marchandise qui sera embarquée dans les avions-cargos ou dans les soutes des avions de ligne. Apportés par camion, les colis sont stockés dans les hangars et regroupés par destination. Chargés ensuite sur des palettes, ils sont enfin transportés vers les avions.*

LES VOLS D'ESSAI

Pendant des milliers d'heures, les pilotes d'essai testent et règlent les premiers avions d'une série, appelés « avions de développement ».

Grâce à de nombreux instruments, les techniciens testent tous les systèmes électroniques de l'avion. La vitesse, la consommation, les commandes sont vérifiées.

Ces ballasts (réservoirs) contiennent de l'eau. Ils alourdissent l'avion et permettent de voir comment il volera une fois chargé de passagers et de marchandises.

Le premier vol d'essai est décisif. Lorsqu'il est réussi, l'équipe du constructeur fête ce grand moment.

Le constructeur doit obtenir la certification autorisant l'avion à voler pour pouvoir le vendre à des compagnies.

L'ESPACE AÉRIEN

L'aiguilleur du ciel guide le pilote dès qu'il s'éloigne de l'aéroport. Les avions suivent une route aérienne dont ils ne doivent pas s'écarter.

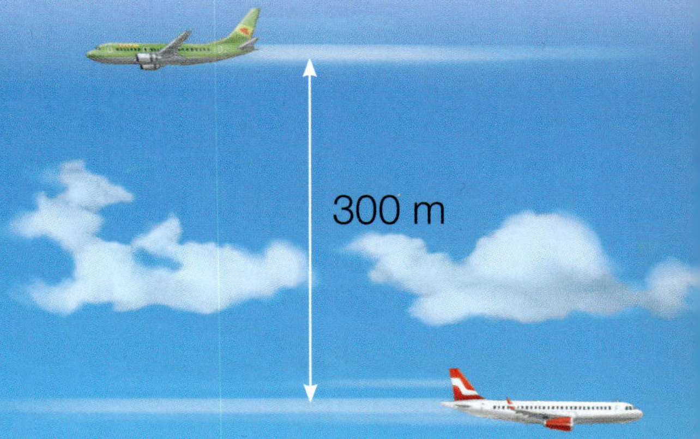

L'espacement entre deux avions doit être de 300 mètres à la verticale. Si l'espace n'est pas respecté, le contrôleur entre en contact avec les pilotes et leur demande de changer leur trajectoire.

Les appareils sont en attente sur le taxiway. Le premier de la file attend l'autorisation du contrôleur avant de s'engager sur la piste. Selon le poids et la taille de l'avion, on compte de une à trois minutes entre les décollages.

(2) ***Le tarmac :*** *c'est l'espace de stationnement des avions. Ils s'y arrêtent avant le départ du vol et à l'arrivée.*

(3) ***Les satellites :*** *dans les grands aéroports, ils abritent les salles d'embarquement des passagers.*

(4) ***Les pistes :*** *elles sont réservées au décollage et à l'atterrissage des avions.*

(5) ***Les taxiways :*** *ce sont des voies utilisées pendant la phase de roulage des avions, entre le tarmac et les pistes.*

(6) ***La tour de contrôle :*** *elle permet la surveillance des déplacements des avions* *(voir p. 36)**.*

LA TOUR DE CONTRÔLE

Jour et nuit, depuis la tour de contrôle, qui domine les pistes, les contrôleurs aériens surveillent l'arrivée et le départ des avions.

La vigie : *c'est la salle située au sommet de la tour de contrôle.*

Les contrôleurs tour *indiquent aux pilotes quelle piste est en service. Ils les informent sur la direction et la vitesse du vent à la surface du sol. Ils guident ainsi les phases de décollage et d'atterrissage.*

Des contrôleurs d'approche *travaillent dans la salle radar qui se trouve parfois au pied de la tour. Installés derrière des écrans, ils gèrent le trafic des avions qui approchent pour atterrir.*

L'aérogare de fret : *c'est la zone réservée au débarquement et à l'enregistrement des marchandises.*

Les parkings : *ce sont les endroits où se garent les voyageurs. Des taxis ou des accompagnateurs y stationnent aussi, le temps de déposer ou d'embarquer des passagers.*

9 ***Les hôtels :*** *les voyageurs peuvent s'y reposer lors d'une escale entre deux vols.*

10 ***Les hangars techniques :*** *les avions y sont contrôlés, entretenus et réparés.*

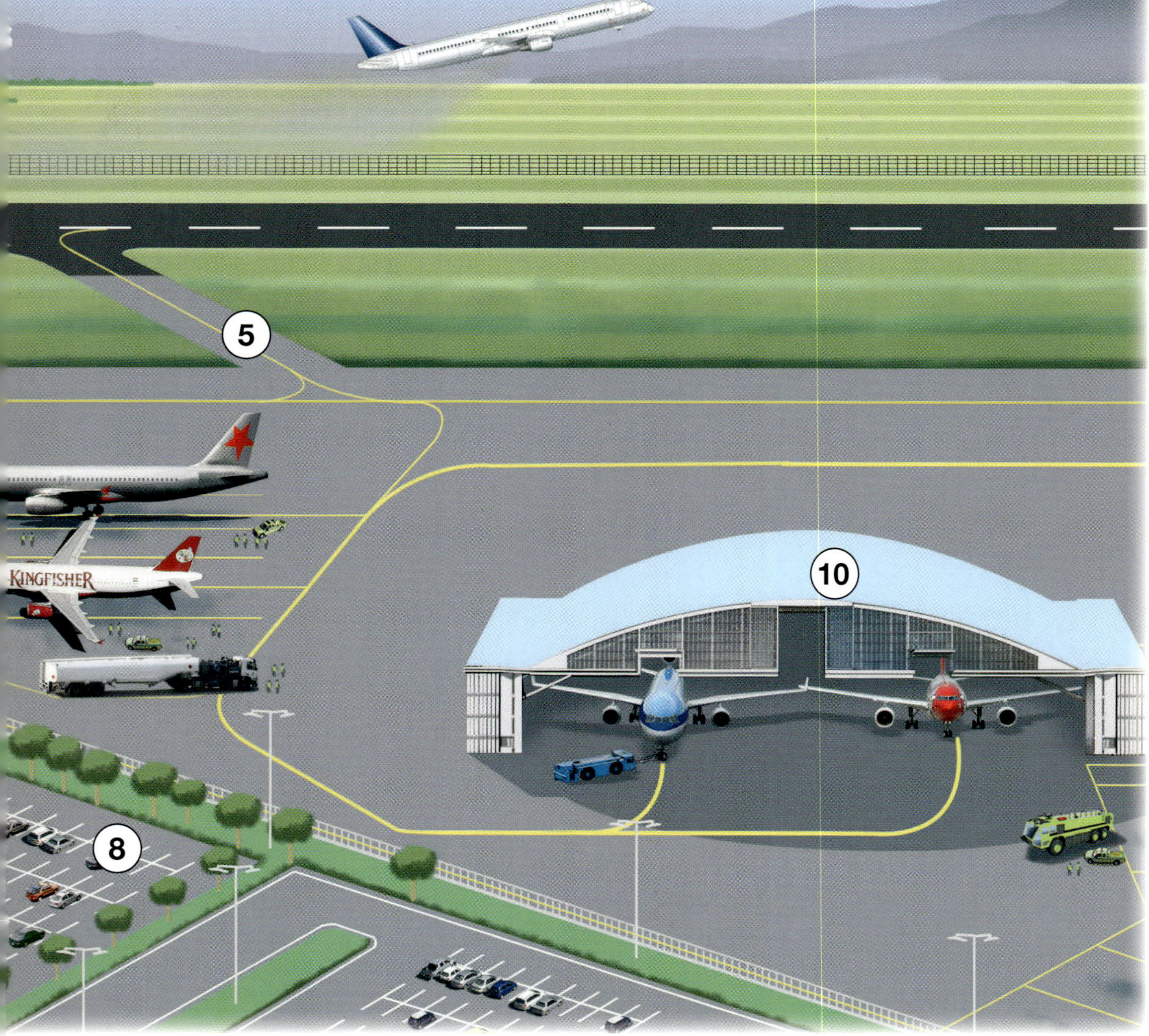

LE BALISAGE DES PISTES

Le balisage donne des repères aux pilotes pour décoller et atterrir. Le balisage lumineux est utile la nuit et quand la visibilité est mauvaise.

Les pilotes se repèrent selon un code très précis de couleurs et de feux clignotants qui leur indiquent les bords de la piste, les zones de toucher des roues, les voies de circulation, la fin de la piste, etc.

Ces feux sont indispensables. Ils permettent aux pilotes de poser l'avion au bon endroit et d'assurer une circulation protégée. Régulièrement, le fonctionnement des feux de balisage est vérifié.

L'avion a allumé ses feux. Au bout des ailes, on voit un feu vert à tribord, un feu rouge à bâbord.

La longueur de la piste est calculée en fonction de la distance qu'un avion a besoin de parcourir avant le décollage, prolongée de la distance nécessaire s'il doit s'arrêter en urgence.

***Les feux de couleur blanche** balisent le bord de la piste et aussi l'axe de la piste.*

***Les feux de couleur rouge** marquent l'extrémité de la piste.*

***Les barrettes de trois feux de couleur blanche** marquent la zone de toucher des roues à l'atterrissage.*

L'AÉROGARE

On l'appelle aussi « terminal », c'est le bâtiment principal de l'aéroport, là où les voyageurs arrivent d'un vol ou s'apprêtent à en prendre un.

Des voyageurs regardent les tableaux indiquant les différents vols. Un autre imprime son billet à une borne.

Pour déposer leurs valises qui seront chargées en soute, les passagers se rendent au comptoir d'enregistrement.

La police aux frontières contrôle l'identité des passagers qui vont à l'étranger. Pour vérifier que les voyageurs n'emportent rien de dangereux à bord, leurs affaires passent dans un appareil à rayons X et les personnes franchissent un portique de détection.

Dans l'aérogare, les passagers consultent les tableaux des départs pour savoir dans quel hall ils doivent se rendre et pour connaître le numéro de la porte d'embarquement.

Les passagers peuvent ensuite faire des achats dans les boutiques de l'aérogare, prendre une boisson...

Dans la salle d'embarquement, les voyageurs attendent que leur avion soit prêt et qu'on les invite à monter à bord.

Avant d'entrer dans l'avion, une hôtesse vérifie les cartes d'embarquement ou les billets lisibles sur les smartphones.

Pour se rendre à l'avion, les passagers gagnent une passerelle. Parfois, c'est un bus qui les dépose au pied de l'appareil.

LES BAGAGES

Les bagages les plus encombrants sont étiquetés, contrôlés puis dirigés vers les chariots qui les transporteront dans les soutes des avions.

Les valises avancent sur de longs tapis roulants et passent près de caméras reliées à des appareils de contrôle.

Grâce à son étiquette, chaque valise est chargée sur le chariot qui correspond à l'avion emprunté par son propriétaire.

À l'arrivée, les passagers récupèrent leurs valises, qui défilent sur un long tapis roulant, le carrousel.

Avant leur départ, ou à l'arrivée, les agents des douanes contrôlent les personnes et parfois leurs bagages.

LE PERSONNEL NAVIGANT TECHNIQUE

Deux heures avant le vol, les deux pilotes se retrouvent : l'un est commandant de bord, l'autre est copilote.

Le commandant de bord est responsable de l'avion, du vol et de la sécurité de chacun. Il porte quatre galons dorés sur ses épaulettes. Le copilote en porte trois. Les deux pilotes prendront les commandes à tour de rôle. Celui qui n'est pas aux commandes reste vigilant : il surveille les écrans et assiste son collègue.

Les pilotes prennent connaissance du plan de vol qui indique la route aérienne. Ils s'informent sur les conditions météo.

Avant le départ, le commandant demande au chef avion si le carburant a été livré et si le chargement en soute est terminé.

DEVENIR PILOTE DE LIGNE

Les élèves pilotes de ligne étudient dans une école d'aviation. Certains ont déjà appris à voler dans un aéro-club ou dans les forces armées.

Les futurs pilotes suivent des cours qui leur apprennent à préparer un plan de vol. On leur enseigne aussi les règlements des aéroports. Les élèves doivent être capables de lire les cartes météo pour repérer les orages ou les tempêtes.

Le simulateur ressemble à un vrai cockpit. Les élèves y apprennent comment manœuvrer un avion, par exemple pendant le décollage et l'atterrissage. Les pilotes reviennent régulièrement pour s'y entraîner et se faire contrôler.

LE PERSONNEL NAVIGANT COMMERCIAL

Pilotes, chef de cabine, hôtesses et stewards forment l'équipage de l'avion. Le commandant de bord les réunit une heure et demie avant le vol.

Les membres de l'équipage portent un uniforme très élégant choisi par la compagnie aérienne. Le chef de cabine principal, responsable de la sécurité des passagers, porte deux galons d'argent sur ses manches. Il est assisté de stewards et hôtesses et, parfois, d'un autre chef de cabine.

Le chef de cabine indique aux hôtesses et stewards si des passagers ont besoin d'attentions particulières, par exemple si un enfant voyage seul. Chacun a son rôle : les uns vérifient que les équipements fonctionnent, les autres accueillent les passagers.

SUR LE TARMAC

Le tarmac comprend l'espace parking pour les avions, ainsi que les voies de circulation qui mènent aux pistes et que l'on appelle taxiways.

Dès le départ des passagers, le ménage de l'avion est fait rapidement. Des camions livrent le fret à transporter vers la nouvelle destination.

Une passerelle télescopique est déployée pour permettre aux passagers d'embarquer.

Les plateaux-repas qui seront servis en vol sont livrés et rangés au frais dans le galley, l'espace cuisine de l'avion.

Beaucoup de personnes s'activent sur le tarmac. C'est un endroit dangereux où il faut faire très attention à cause des manœuvres des avions. Des agents sont présents pour veiller à la sécurité de chacun.

Avant chaque vol, on « avitaille » l'avion en carburant. L'avion est garé sur le tarmac, près du point d'avitaillement, là où le kérosène est amené par tuyaux. Parfois, le carburant est livré par un camion-citerne.

Un véhicule tracte les chariots de bagages jusqu'aux soutes de l'avion, stationné loin de l'aérogare.

Avant chaque décollage, le pilote fait le tour de l'avion pour inspecter son état : c'est la visite « prévol ».

ÉVACUATION EN CAS D'URGENCE

Le commandant de bord fait évacuer l'avion si un incendie survient dans la soute, si un moteur prend feu, ou en cas d'accident à l'atterrissage.

Les pompiers sont toujours présents sur le tarmac. Leur fourgon est équipé d'une lance à mousse qui va refroidir le fuselage. Le canon à eau permet d'écarter les flammes. Ainsi, les passagers peuvent sortir.

Sur ordre du commandant de bord, le personnel navigant donne l'alerte et débloque la porte. Le toboggan se gonfle automatiquement. Les passagers sautent dessus. Ils ont laissé leurs affaires et leurs chaussures dans l'avion pour ne pas abîmer la structure gonflable.

ALERTE À LA NEIGE !

Les pistes doivent être dégagées et les avions dégivrés : la glace les alourdit, déforme leurs ailes et les empêche de décoller.

De puissantes déneigeuses entrent en action pour repousser la neige qui a recouvert pistes et taxiways.

Un camion épandeur déverse un produit qui va empêcher la formation de verglas.

Le produit dégivrant est projeté sur l'avion. En quelques minutes, la glace aura fondu. Puis un autre produit évitera que la glace et le givre ne se reforment. Les vitres seront aussi chauffées et ventilées.

MANŒUVRES DE DÉPART

Depuis la tour de contrôle, le contrôleur indique aux pilotes vers quelle piste se diriger. Il donne l'autorisation pour le repoussage et le roulage.

L'avion ne peut pas faire de marche arrière. Il faut recourir au *push back* (ou repoussage). Un tracteur est placé sous le nez de l'avion. Une barre est attelée à la roulette de nez. L'agent de piste qui guide la manœuvre communique par radio avec les pilotes.

Lorsque l'avion est dans l'axe du taxiway, la barre est détachée. Pendant le repoussage, les pilotes démarrent les moteurs de l'avion.

Après le repoussage, c'est le moment du roulage : pour atteindre la piste, l'avion avance sur les taxiways. Pistes et taxiways sont en permanence surveillés et nettoyés par des agents.

Des agents sont chargés d'effaroucher les oiseaux qui pourraient être aspirés par les réacteurs et abîmer les ailettes. Ici, ils font du bruit en tirant un coup de fusil. Des techniciens circulent aussi pour vérifier l'état et la propreté des pistes.

La balayeuse de piste aspire le sable, les graviers… tout ce qui pourrait endommager les avions.

Cet avion quitte le point d'arrêt du taxiway. Le contrôleur lui a donné l'autorisation de gagner la piste.

LE DÉCOLLAGE

Pour décoller, l'A380 a besoin d'une piste longue de 3 km. La vitesse sur la piste d'envol dépendra de son poids au décollage.

Le pilote a allumé les feux. S'il détecte un problème alors que l'avion prend de la vitesse sur la piste, il peut encore arrêter l'appareil à condition qu'il reste de la piste. Sinon, le pilote est contraint de décoller et fait demi-tour pour revenir atterrir.

Pour prendre de la vitesse, le pilote met « pleins gaz ». Il augmente ainsi la puissance des moteurs. Si l'avion décolle face au vent, il s'élève plus facilement et a besoin de moins de puissance.

La vitesse d'un avion de ligne au décollage se situe entre 260 et 280 km/h.

Le pilote rentre le train d'atterrissage. Il accélère pendant la montée. Il vérifie sur son tableau de bord à quelle hauteur est l'avion. Puis, quand il est assez haut, les volets sont aussi rentrés.

QUELQUES RÈGLES DE SÉCURITÉ

Avant le décollage, les hôtesses donnent aux passagers les consignes de sécurité. En cas de problème, il faudra suivre leurs recommandations.

1. Au décollage et à l'atterrissage, il faut replier sa tablette et ranger son sac sous le siège avant.

2. La ceinture de sécurité doit être bouclée et doit rester attachée tant que le voyant de cabine l'indique.

3. Si un problème survient, on pose un coussin ou un vêtement sur ses genoux et on rentre la tête.

4. Si de la fumée apparaît dans la cabine, on rampe au sol en suivant les bandes de couleur et les signaux lumineux.

5. Si l'air vient à manquer, des masques à oxygène tombent du plafond. On pose le masque sur le visage et on passe le cordon derrière la tête. On respire normalement.

6. Des gilets de sauvetage sont rangés sous les sièges. Une fois ceux-ci enfilés, on tire sur les deux poignées pour les gonfler.

7. Le gilet de sauvetage des adultes est équipé d'un sifflet. En cas d'accident, le son permettra d'alerter les secouristes.

8. Pour évacuer rapidement l'avion, chacun gagnera les toboggans avec l'aide du personnel.

LA VIE À BORD

Selon la durée du vol et les compagnies aériennes, différents services seront proposés aux passagers : boissons, plateaux-repas, films...

S'il n'y a pas de nuages, on peut admirer la Terre vue du ciel. Et, au-dessus des nuages, il fait toujours beau !

Sur un vol long-courrier, les hôtesses proposent aux passagers des journaux, des couvertures, des écouteurs...

Un plateau-repas est servi. Cela peut être un simple en-cas avec une boisson si le vol est court. Sinon, c'est un vrai repas.

Selon les compagnies et les avions, des écrans au dos des sièges permettent de diffuser des films ou des jeux vidéo.

En vitesse de croisière, l'avion se trouve à environ 12 000 mètres d'altitude. Il avance alors à environ 1 000 km/h, alors que la température extérieure est de – 55 degrés !

À tout moment, on peut vérifier en direct la trajectoire de l'avion, son altitude, sa vitesse et l'heure d'arrivée...

Lorsque les passagers passent la nuit à bord, on distribue des oreillers, des couvertures et des cache-yeux.

Les voyageurs peuvent faire différents achats pendant le vol : parfum, montre, jouet...

L'avion est à la bonne altitude, le pilotage automatique est activé. Si besoin, les pilotes reprennent les commandes.

PAS DE PANIQUE !

Pendant un vol, il peut survenir différents incidents. Les pilotes sont entraînés à prendre très vite les bonnes décisions.

Les turbulences peuvent être dues à des perturbations météorologiques, mais aussi au passage d'un avion précédemment.

Les vents forts créent des turbulences, comme lorsqu'on souffle sur une feuille. Dans l'avion, on peut alors être secoué. Le commandant de bord annonce que l'on va traverser une zone de turbulences, c'est le moment de rester bien attaché.

En cas d'orage, l'avion peut être frappé par la foudre. Les passagers ressentent le choc, mais le fuselage les protège.

En cas de panne d'un réacteur, l'avion peut continuer de voler avec un seul moteur.

PENDANT L'APPROCHE ET LA DESCENTE

Les pilotes reprennent les commandes durant la phase d'approche ; le pilotage automatique est arrêté. L'avion va descendre jusqu'à 3000 m.

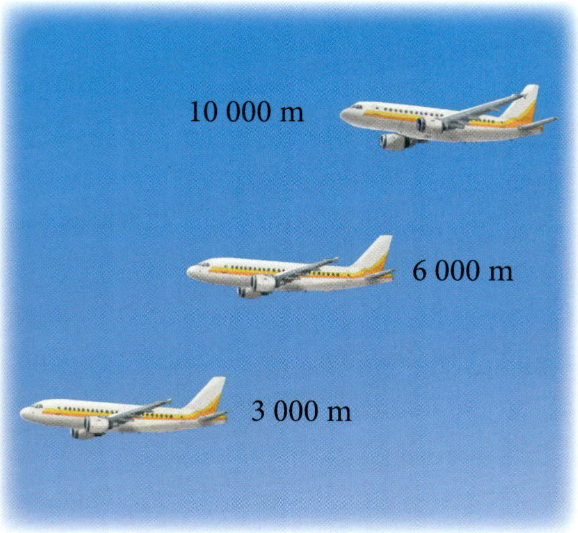

Comme l'avion est très lourd et rapide, il est plus facile de le ralentir par paliers à l'approche de la piste.

Pendant la descente, la pression de l'air augmente dans la cabine : on peut avoir mal aux oreilles !

Pour ralentir l'avion, le pilote commande la sortie des aérofreins et d'une partie des volets (voir pages 21-22). Lors de la descente finale, au-dessous de 800 m, le train d'atterrissage est sorti, puis tous les volets.

L'ATTERRISSAGE

Au moment de l'atterrissage, l'ensemble des passagers et l'équipage doivent être assis et avoir leur ceinture de sécurité attachée.

La piste d'atterrissage doit être longue d'au moins 2 500 mètres pour permettre à la plupart des avions de ligne de se poser. Les pilotes sont en communication avec la tour de contrôle, qui indique si la piste est libre.

Le train d'atterrissage principal est posé, puis la roue avant touche le sol. L'avion ralentit jusqu'au bout de la piste et gagne les taxiways.

En cas de brouillard épais, certains aéroports sont équipés d'instruments électroniques capables de guider les avions vers la piste.

Quand la visibilité est mauvaise, l'atterrissage se fait souvent en pilotage automatique. Des signaux sont envoyés depuis le sol pour guider l'appareil, qui se positionne automatiquement dans l'axe de la piste. Lorsque c'est le pilote qui manœuvre, il s'aide des signaux.

L'appareil doit ensuite emprunter un taxiway jusqu'à son poste de stationnement. Un agent de piste guide la manœuvre.

L'ENTRETIEN TECHNIQUE DES AVIONS

La vérification complète de l'avion est faite régulièrement. Cela dépend du nombre de vols et de la distance parcourue par l'appareil.

Parfois, on doit démonter le moteur et l'envoyer à l'atelier pour qu'il soit réparé.

L'état des sièges est vérifié, ainsi que le bon fonctionnement des écrans, des lumières, des portes…

Pour bien voler et ne pas être freiné, il faut que le fuselage de l'avion soit très propre. Il est lavé régulièrement avec de puissants jets d'eau. On utilise parfois des produits spéciaux qui économisent la consommation d'eau.

ET APRÈS, QUE DEVIENNENT LES AVIONS ?

Quand les avions ne sont plus assez sûrs et qu'on les remplace, que deviennent ces géants d'acier ?

Les appareils trop vieux ou trop abîmés sont stockés dans d'immenses cimetières d'avions. Ils seront ensuite livrés aux ferrailleurs.

Le démantèlement d'un avion se fait en plusieurs étapes. D'abord, on élimine tous les liquides dangereux. Puis une pelleteuse munie de solides cisailles découpe la carcasse de l'appareil. Des parties de l'avion sont récupérées pour équiper d'autres avions : les sièges, les trains d'atterrissage, les moteurs… Certains matériaux de valeur contenus dans le fuselage sont vendus.

LES AVIONS PRIVÉS OU AVIONS-TAXIS

Ils transportent jusqu'à 20 passagers, souvent pour de courts trajets. Certains sont aussi rapides et aussi bien équipés qu'un avion de ligne.

Le pilote de cet avion-taxi emporte quelques passagers privilégiés. Ils ont réservé un trajet pour aller à un rendez-vous d'affaires ou pour gagner leur lieu de vacances. Auparavant, ils ont été accueillis dans un terminal réservé aux vols privés.

Ce petit avion confortable de luxe appartient à une société ou à un particulier. Il accueille jusqu'à 6 passagers. Il va atterrir tout près de leur destination finale, sur un aérodrome non desservi par les gros avions de ligne.

L'AVION-CARGO

Certains avions de ligne sont transformés en avions de transport. D'autres, comme le Beluga, sont construits spécialement pour charger du matériel.

Le **Beluga** ressemble à la baleine blanche dont il porte le nom. Il peut transporter 50 tonnes de charge et voler à 700 km/h pendant 5 000 km !

La bosse du Beluga s'ouvre et se soulève. On y charge un fuselage d'avion en le faisant glisser sur un tapis roulant géant. Trois personnes prennent place à bord : le commandant de bord, le copilote et le mécanicien navigant.

BIENTÔT DES AVIONS SPATIAUX ?

Aux États-Unis, on met au point le SpaceShipTwo. L'appareil décolle grâce à un avion porteur appelé WhiteKnight, ou « Chevalier blanc ». Il peut transporter 6 passagers et 2 pilotes.

À haute altitude, le **SpaceShipTwo** quitte l'avion porteur, puis il est propulsé par son moteur-fusée hors de l'atmosphère terrestre ! Arrivé à 110 km d'altitude, le SpaceShipTwo redescend, ailerons de freinage relevés. Puis il vole et atterrit comme un planeur.

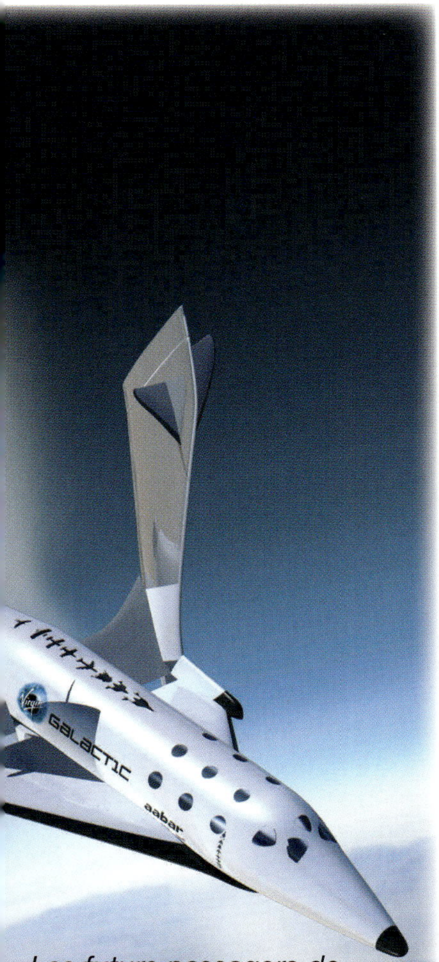

Le projet européen **Spaceplane** prévoit d'embarquer 4 passagers et de les emmener à 100 km au-dessus de la Terre. Le Spaceplane devra pouvoir décoller et atterrir depuis n'importe quel aéroport. Il transportera des touristes ou des scientifiques.

Le Spaceplane montera à 60 km d'altitude à la vitesse de 3 000 km/h. Le moteur se coupera et l'appareil continuera de monter jusqu'à 100 km d'altitude environ.

Les futurs passagers de ces avions spatiaux rêvent de voir la Terre depuis l'espace et de voler en apesanteur : ils ne sentiront plus leur poids et flotteront dans la cabine !

LES AVIONS DU FUTUR

Les constructeurs imaginent des avions pouvant transporter un grand nombre de passagers sans consommer beaucoup de carburant.

Plusieurs projets d'ailes volantes sont à l'étude pour l'avenir.

Aux États-Unis et en Europe, on travaille sur des projets d'ailes volantes pouvant accueillir jusqu'à 1 000 passagers. Il faudra prévoir des pistes assez grandes pour le décollage et l'atterrissage.

Les futurs avions supersoniques seront plus rapides que le célèbre Concorde, qui a volé de 1969 à 2003 (voir p. 16). Ils seront aussi plus légers grâce au choix de matériaux modernes.

Le ZEHST est un projet européen. Cet avion supersonique pourrait voler à mach 4 (4 fois la vitesse du son), soit 5 000 km/h environ. Il relierait Paris à New York en 1 h 30 !

Sur une partie du trajet, le **ZEHST** volerait au-dessus de l'atmosphère, à 32 km d'altitude. Il atteindrait alors sa vitesse maximale grâce à de puissants réacteurs auxquels on ajouterait un moteur-fusée. L'un des moteurs serait alimenté par un biocarburant à base d'algues, qui ne polluera pas l'atmosphère.

Lorsqu'un avion dépasse la vitesse du son, on entend une violente détonation : le « bang supersonique ». Si on arrive à atténuer ce bruit, les avions supersoniques seront autorisés à survoler les territoires habités.

DES AVIONS SOLAIRES

Plusieurs projets d'avions solaires ont vu le jour. Leurs inventeurs cherchent à utiliser l'énergie du Soleil pour moins polluer la planète.

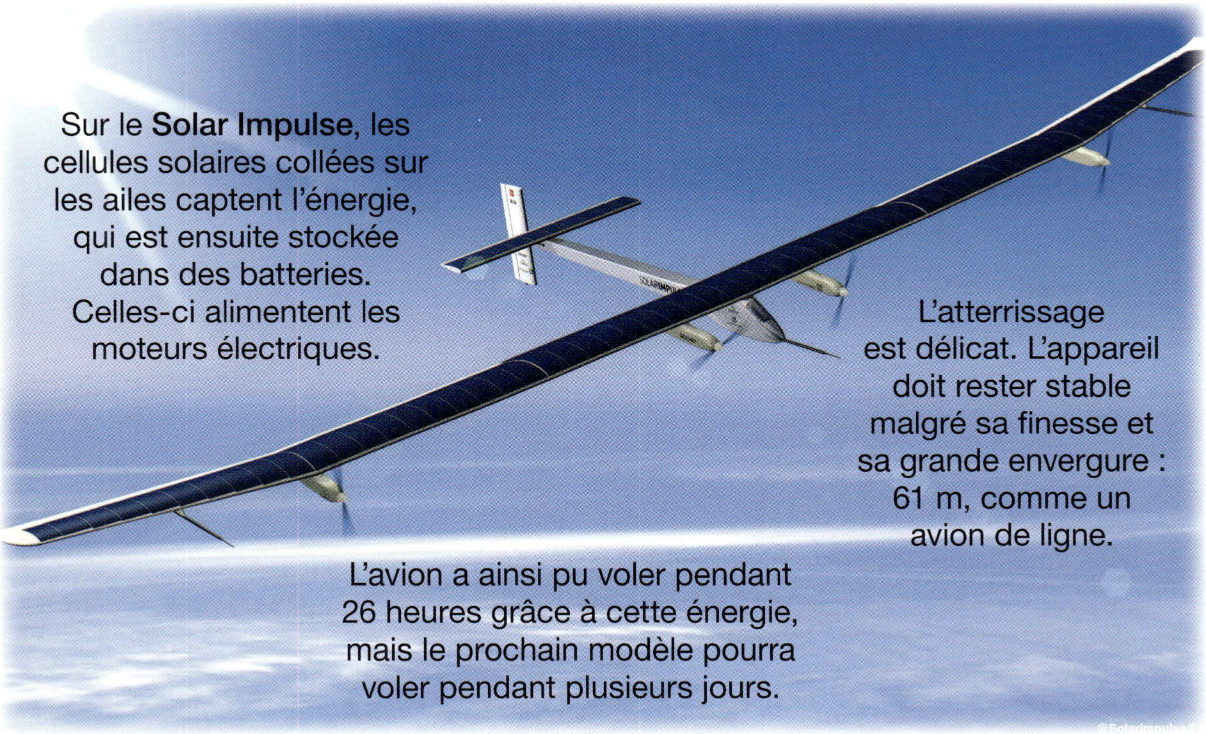

Sur le **Solar Impulse**, les cellules solaires collées sur les ailes captent l'énergie, qui est ensuite stockée dans des batteries. Celles-ci alimentent les moteurs électriques.

L'atterrissage est délicat. L'appareil doit rester stable malgré sa finesse et sa grande envergure : 61 m, comme un avion de ligne.

L'avion a ainsi pu voler pendant 26 heures grâce à cette énergie, mais le prochain modèle pourra voler pendant plusieurs jours.

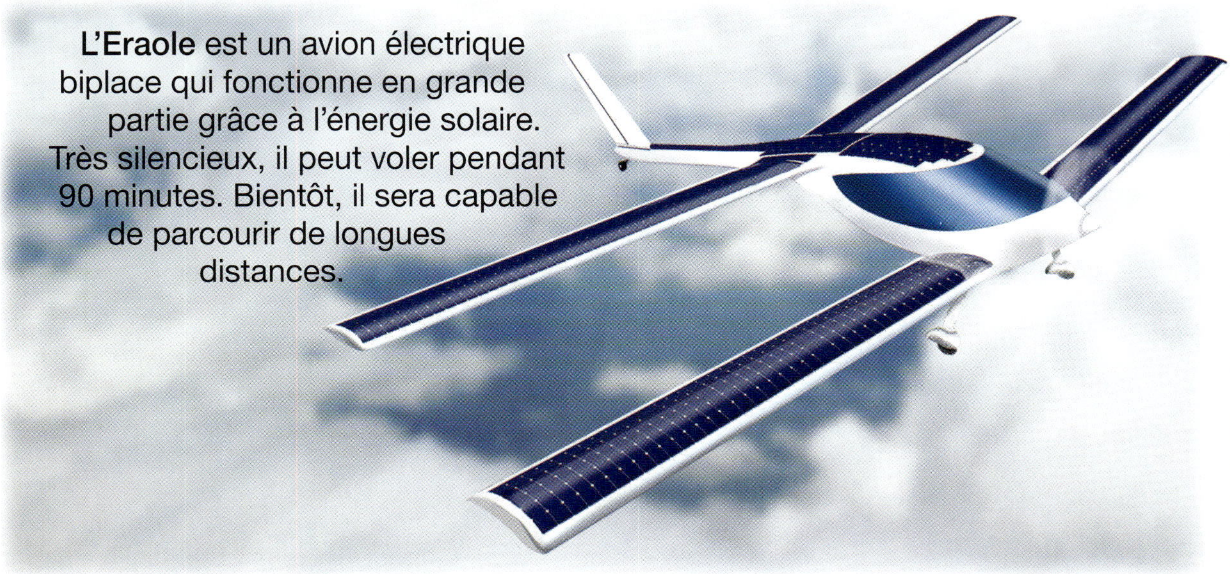

L'Eraole est un avion électrique biplace qui fonctionne en grande partie grâce à l'énergie solaire. Très silencieux, il peut voler pendant 90 minutes. Bientôt, il sera capable de parcourir de longues distances.

LES AVIONS MILITAIRES,

LES HYDRAVIONS ET LES HÉLICOPTÈRES

LES PREMIERS AVIONS DE GUERRE

Durant les deux guerres mondiales, l'aviation connaît d'énormes progrès. Lors de la Première Guerre (1914-1918), on équipe les avions pour le combat.

Deux pilotes prennent place à bord des premiers **Nieuport**. Ils transportent 4 bombes qui sont larguées à la main.

En 1915, en Allemagne, on fabrique le premier avion entièrement en métal : le **Junkers J1**. Robuste mais trop lourd, il n'a volé qu'une seule fois.

L'équipage a pour mission de chasser les avions ennemis ou encore de bombarder les troupes au sol, les bateaux, les villes...

Le **Sopwith Camel** (ou « Chameau » de la compagnie Sopwith) est nommé ainsi car une bosse recouvrait ses deux mitrailleuses. Les pilotes devaient tirer sans toucher l'hélice. À partir de 1916, cet avion a gagné un grand nombre de victoires à l'occasion de combats aériens.

Français et Anglais ont construit les avions de chasse **SPAD**. Ils sont équipés de deux paires d'ailes. Ce sont des biplans Des pilotes de légende ont réalisé des exploits à bord de ces avions maniables et légers.

DURANT LA SECONDE GUERRE MONDIALE (1939-1945)

Les avions volent plus vite et plus loin. Ils sont lourdement armés. Les pilotes volent parfois en escadrille pour aller bombarder l'ennemi.

Le Handley Page Halifax (MKII)

Cet avion était un gros bombardier de l'armée de l'air anglaise. Des bombes étaient logées dans plusieurs compartiments aménagés dans le fuselage et les ailes.

Voici une escadrille de **Spitfire**, le plus célèbre des avions anglais de la Seconde Guerre mondiale et le plus rapide. Il emportait des bombes, mais il était aussi équipé de quatre mitrailleuses au moins, d'où son nom qui signifie « cracheur de feu ». Il pouvait monter à 13 000 m et atteindre plus de 500 km/h.

Le **Boeing B-17 Flying Fortress**, ou « Forteresse volante », était un avion bombardier. Américains et Anglais l'ont beaucoup utilisé lors d'attaques contre l'armée allemande. Ce sont certainement les avions qui ont largué le plus de bombes durant la Seconde Guerre.

Le **Messerschmitt Me262** a été le premier avion chasseur-bombardier allemand avec un moteur moderne (à réaction). Quand il n'était pas chargé de bombes, il pouvait atteindre 870 km/h.

Le **Douglas C-47** était un avion de transport très robuste. Il a servi pour le parachutage d'hommes et de matériel.

LES AVIONS DE CHASSE

Ce sont des avions de combat très rapides. Armés de missiles et de bombes, ils poursuivent les avions ennemis, même à très haute altitude.

Parmi les avions de chasse, la famille des **Mirage** est célèbre. Depuis quarante ans, on trouve des Mirage de plus en plus puissants dans plusieurs armées du monde. Ces supersoniques atteignent la vitesse de mach 2.2 : 2 700 km/h.

Le **Mirage 2000-5** est équipé d'un seul réacteur. Il produit une forte poussée au décollage.

Sous le fuselage, il possède 9 points d'accrochage qui lui permettent d'emporter plus de 6 tonnes d'armes.

À bord de certains avions de chasse, un « navigateur officier système d'armes » prend place derrière le pilote. Il lui donne les informations utiles pour atteindre l'objectif ciblé au moment exact.

Cet avion européen **Typhoon** a une aile delta, en forme de triangle. Cette silhouette lui permet d'être très maniable, même à vitesse supersonique. Lors des attaques au sol, il largue des bombes guidées par laser. Les missiles sont envoyés vers les avions ennemis ou vers des cibles à terre, même très éloignées.

Les nouveaux avions sont multirôles : ils interviennent en combat aérien et dans les attaques au sol. Leurs radars captent les informations envoyées par la base militaire, les bateaux ou les autres avions de leur armée.

LES AVIONS FURTIFS

Ce sont des avions de combat supersoniques : ils volent très vite.
On les appelle « furtifs » car ils sont difficiles à détecter par les radars.

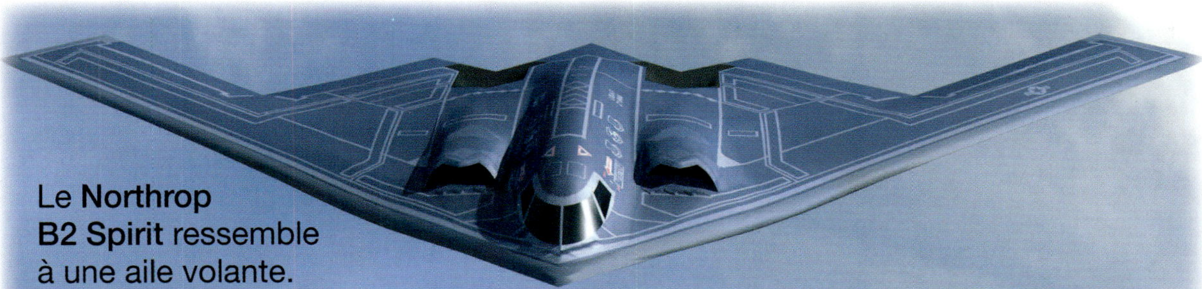

Le **Northrop B2 Spirit** ressemble à une aile volante. De chaque côté du cockpit, on distingue les entrées d'air des puissants réacteurs. C'est un avion furtif bombardier : il peut être très lourdement armé.

Le **F22 Raptor** renferme ses armes, des missiles, dans les soutes du fuselage. Toutes les antennes sont rentrées. La peinture mate absorbe la plupart des ondes radar. Celles qui sont renvoyées vers le sol sont aussi discrètes que le passage d'un petit oiseau.

Quand le radar envoie une onde et qu'elle atteint un avion normal, elle est renvoyée dans plusieurs directions : l'avion est localisé. Le fuselage d'un avion furtif absorbe les ondes radar et renvoie un signal dans une seule direction. Il est donc beaucoup plus difficile à repérer.

LES DRONES DE L'ARMÉE

Un drone est un avion sans pilote. Il est relié à une station de contrôle qui le dirige depuis le sol, parfois à des milliers de kilomètres de distance.

« **Harfang** » est le nom d'une chouette des neiges. C'est aussi le nom de ce grand drone qui décolle comme un avion puis survole les zones de guerre. Il envoie des images à la station de contrôle. D'autres drones sont armés et prennent part aux combats.

Discret, léger, silencieux… le drone **Tracker** prend des images et les transmet au sol, comme un grand drone. Il est facilement transportable et se lance à la main ! Après 90 minutes de vol, il se pose en atterrissage automatique.

LE RAFALE M

Le **Rafale Marine** est un avion de chasse supersonique qui participe à la défense aérienne dans les zones où naviguent les bateaux de guerre.

Le Rafale M est armé de canons, de missiles et de bombes, il peut mener des missions depuis un porte-avions. Il dispose de deux réacteurs : si l'un tombe en panne, l'autre lui permet de continuer le vol et de revenir se poser.

La conduite du Rafale M est automatisée au maximum. Le pilote utilise la « visualisation tête haute » : les informations captées par les radars sont projetées sur la vitre du cockpit ou parfois directement sur la visière de son casque. Semi-furtif, il est difficile à détecter par les radars.

1. L'officier de lancement lève son drapeau vert, il indique au pilote de mettre « pleins gaz ».

3. Quand l'officier de catapulte, depuis sa cabine, voit le drapeau vert baissé, il déclenche le catapultage. La vapeur est libérée dans le circuit et pousse les pistons, qui entraînent l'avion le long du rail pour qu'il prenne son envol.

Les hommes responsables des manœuvres sont appelés les « chiens jaunes » à cause de la couleur de leur maillot.

2. Quand l'officier de lancement obtient l'autorisation de catapultage, il se tourne vers le pilote et baisse le drapeau vert jusqu'au sol.

LE PORTE-AVIONS

C'est une base militaire en pleine mer. Ses soutes renferment des tonnes de munitions et du carburant pour 40 avions de combat.

Plus long que 3 terrains de football, plus haut qu'un immeuble de 20 étages, le porte-avions se déplace grâce à l'énergie nucléaire. En temps de paix, il a un rôle de surveillance et, en temps de guerre, il sert de base pour les avions de combat.

Le porte-avions abrite de nombreux services : c'est une vraie ville flottante ! Près de 2000 personnes y travaillent. Cet imposant bâtiment pèse 42000 tonnes. Il peut parcourir 1000 km par jour.

Un porte-avions comporte également des soutes à munitions, des soutes à combustible pour le carburant utilisé par les appareils, une salle de radars où des contrôleurs surveillent l'espace aérien, des espaces de vie et de nuit, des cuisines...

LE CATAPULTAGE

Sur un porte-avions, la piste d'envol est courte. Un système de catapultage permet à l'avion d'être projeté en deux secondes à 250 km/h.

*Le **système de catapultage** fonctionne à la vapeur. Lorsque la vapeur est libérée dans le conduit (a), elle entraîne le sabot (b) qui maintient l'avion sur le rail.*

*Un **réflecteur** est redressé pour détourner le flux d'air chaud et protéger les hommes. L'avion est emboîté sur le rail de la catapulte.*

L'officier de catapulte, chargé de lancer le système, est posté dans le « bocal », une petite pièce vitrée qui sort du pont.

LES SIMULATEURS DE VOL

Les apprentis pilotes déjà expérimentés viennent se perfectionner dans un centre de simulation.

Sur un appareil qui imite le cockpit et les conditions de vol, le pilote s'entraîne pour les différentes phases du vol : décollage, montée, approche et atterrissage. Il peut aussi découvrir la navigation de nuit, sans visibilité.

Le moniteur qui suit l'entraînement du pilote peut modifier la météo, provoquer des incidents… Il montre ensuite les procédures de secours. Il enseigne aussi comment communiquer en « langage de pilotes » : beaucoup d'expressions sont en anglais.

L'APPONTAGE

L'avion atterrit face au vent et le porte-avions avance vite. Ainsi, l'air freine l'avion, qui vole à 270 km/h et s'arrête en moins de 100 m !

Sous la queue de l'avion, on voit la crosse d'appontage qui vient accrocher l'un des trois câbles d'acier, les brins d'arrêt. Le câble s'étire pendant que l'appareil ralentit et stoppe sa course en quelques secondes.

Si la crosse d'appontage d'un avion est abîmée ou si elle ne s'abaisse pas, une barrière-crash se déploie instantanément sur le pont. Des lanières faites dans un Nylon très solide retiennent l'appareil.

1. L'îlot : *c'est la tour de contrôle.*

2. Le pont d'envol : *c'est la piste sur laquelle les appareils vont être catapultés.*

3. Le pont d'atterrissage : *c'est la piste sur laquelle les appareils vont se poser lors de l'appontage.*

4. La passerelle de commandement : *elle est située au dernier étage de l'îlot. Le commandant et les officiers de quart y suivent le déroulement des opérations.*

5. Les ascenseurs : *les appareils les empruntent pour passer des hangars au pont d'envol. On replie les ailes des avions et on rabat vers l'arrière les pales des hélicoptères.*

6. Le hangar : *c'est l'endroit où mécaniciens et électroniciens entretiennent et réparent les appareils.*

Sur le « plan de pont », situé dans une salle de l'îlot, chaque avion est représenté par une maquette qui porte son numéro. On peut ainsi visualiser tous les déplacements des appareils.

LES AVIONS D'ENTRAÎNEMENT

Avant de monter à bord des avions de chasse et des bombardiers, les pilotes volent sur de petits avions puissants et rapides.

Ce biplace, qui peut accueillir le pilote et son instructeur, convient bien à l'entraînement.

Le pilote s'exerce à effectuer des virages serrés, des accélérations soudaines et des renversements.

Pendant les combats, l'avion peut être touché. Le pilote activera son siège éjectable équipé d'un parachute et d'un kit de survie très utile s'il doit se poser dans une zone dangereuse ou isolée.

L'ÉQUIPEMENT DU PILOTE

Le pilote de chasse dispose d'un équipement spécifique : un casque adapté et une tenue confortable. Sa combinaison comporte de nombreuses poches : il y range tout son matériel pour ne rien laisser traîner dans le cockpit durant le vol. Le tissu résiste au feu au cas où un incendie se déclarerait à bord.

Toutes les informations importantes sont projetées sur la visière de ce casque. Le pilote bouge la tête pour désigner la cible à viser. Le système d'armes est tout de suite déclenché.

Le pilote commande l'avion avec les nombreuses touches du manche et de la manette, qui ressemblent à des joysticks de jeux vidéo. Dans certains avions, ces manettes sont placées de chaque côté du pilote.

LES AVIONS DE TRANSPORT

Ils transportent du matériel et des hommes près des zones de combat. Ils peuvent atterrir sur des pistes courtes, hors des aéroports.

L'Airbus **A400M Atlas** est le plus récent des avions militaires de transport. Dans son immense soute, il peut embarquer 30 tonnes de chargement ou encore 116 soldats avec leur équipement. Chargé, il est capable de parcourir 4 500 km à 780 km/h.

Grâce à ces appareils, les hommes et le matériel sont largués et atterrissent dans des zones souvent difficiles d'accès.

Une rampe est prévue pour l'embarquement des gros véhicules, comme un char ou un hélicoptère.

L'AVION RAVITAILLEUR

Surnommé « citerne » ou « tanker », il apporte le carburant à un avion de combat pendant son vol. Voici la méthode « tuyau et panier ».

L'avion de combat est équipé d'une canne de ravitaillement, l'avion ravitailleur d'un tuyau terminé par un « panier-entonnoir ». L'opérateur du ravitailleur est en contact radio avec le pilote de l'avion de combat pendant la manœuvre.

L'avion de combat se positionne au-dessous du « panier ». Le pilote du chasseur annonce son numéro d'avion et la quantité de carburant dont il a besoin.
Quand le panier atteint la canne, l'opérateur branche les pompes et annonce : « Transfert. » Le pilote ouvre les vannes et le kérosène se déverse dans les réservoirs de l'avion de chasse.

L'AVION DE GUET AÉRIEN

Équipé d'un système de station radar, sa mission est de surveiller l'espace aérien. Il sert aussi de poste de commandement.

À bord de cet avion de guet embarquent 2 pilotes, 1 navigateur, 1 mécanicien et 14 personnes pour la mission : contrôleurs, opérateurs et techniciens.

Une sorte de soucoupe volante, le rotodôme, est installée sur le fuselage de l'avion. Elle contient de puissants radars qui détectent les appareils évoluant dans l'espace aérien.

Les contrôleurs et les opérateurs qui sont à bord collectent les informations données par les radars. Ils identifient tous les avions et tous les navires présents dans une large zone. L'avion de guet peut opérer depuis un porte-avions.

LES HÉLICOPTÈRES HYBRIDES

Ce sont à la fois des avions et des hélicoptères. Ils volent plus vite qu'un simple hélicoptère et certains sont aussi gros qu'un avion de transport.

*Voici le **Boeing Bell V-22 Osprey**. Au décollage, ses rotors sont à la verticale. Lorsqu'ils reviennent à l'horizontale, l'appareil vole comme un avion.*

Cet appareil expérimental peut voler à 400 km/h sur de longues distances. On pourra l'utiliser pour des missions éloignées de sa base aérienne, ce que ne peut pas faire un hélicoptère actuellement.

Le démonstrateur X3 d'Eurocopter

LES HÉLICOPTÈRES DE L'ARMÉE DE L'AIR

Les hélicoptères de combat doivent être maniables et très résistants. Ils sont conçus pour supporter des températures extrêmes.

Le **Fennec** est un appareil léger et capable de voler à haute altitude (7 000 m) dans des conditions climatiques difficiles. Il peut être armé de roquettes (des armes-fusées), de mitrailleuses ou de missiles.

Le Fennec AS550

Le Tigre HAP

Le **Tigre** est un hélicoptère européen utilisé pour des combats aériens ou pour assister les combats au sol. Difficile à repérer par les radars, il peut être équipé d'un canon, de missiles et de roquettes. Le pilote est secondé par un tireur placé à l'arrière.

Les hélicoptères militaires ne sont pas tous des appareils de combat, certains sont réservés au transport de troupes et de matériel.

*Le **NH90 TTH***

Cet hélicoptère sert au transport de troupes, par exemple pour le parachutage des combattants. Il peut emporter 14 à 20 personnes. Il intervient aussi pour des sauvetages en mer, même si les conditions météo ne sont pas bonnes.

Particulièrement bien équipé, le Caracal est utilisé pour évacuer les blessés lors de combats. Un système de visualisation spécial lui permet même de naviguer la nuit et par tout temps.

*Le **EC725 Caracal***

LES PATROUILLES AÉRIENNES

Les patrouilles aériennes acrobatiques font découvrir au public les capacités des avions et des pilotes.

Les Snowbirds (Canada)

Les pilotes des patrouilles aériennes de démonstration ont été pilotes de chasse. Pour s'entraîner, ils volent deux ou trois fois par jour.

Les patrouilles de chaque pays inventent des figures originales et étonnantes.

Pour exécuter certaines figures, les pilotes volent à 800 km/h, à seulement 2 ou 3 m les uns des autres.

Les Red Arrows (Grande-Bretagne)

La Patrouille de France et l'équipe de voltige de l'armée de l'air utilisent des Alpha Jet. Le fuselage de l'avion est bleu, blanc, rouge.

L'Alpha Jet (France)

Sous le ventre de l'avion, on accroche un conteneur fumigène qui permettra de laisser des traînées de couleurs dans le ciel.

Les fuselages des avions sont souvent aux couleurs du drapeau du pays.

Les fumigènes sont aussi aux couleurs du pays des pilotes.

L'HYDRAVION

L'hydravion est un avion qui se pose et décolle sur l'eau. Il peut aussi atterrir sur des sols couverts de neige ou de glace.

Ce gros hydravion amerrit directement sur sa coque. Sa taille lui permet de se poser sur des eaux agitées, par exemple sur la mer. Deux petits flotteurs, au bout de ses ailes, le rendent aussi plus stable.

Les ailes de l'hydravion sont très hautes pour éviter de toucher la surface de l'eau. À l'amerrissage, le pilote pose d'abord l'arrière des flotteurs, puis l'avion glisse sur l'eau et s'arrête.

Les hydravions sont surtout utilisés dans les pays où l'on trouve beaucoup de lacs ou qui bordent l'océan. Ils permettent d'atteindre des endroits difficilement accessibles par les routes.

Très souvent, l'hydravion est équipé de roues rétractables qui permettent de le déplacer sur le sol, par exemple pour aller le stationner dans un hangar. On dit qu'il est amphibie.

Sur cet hydravion, les skis ont remplacé les flotteurs. L'appareil transporte des voyageurs et livre du matériel dans un village isolé du Canada, là où la neige recouvre les routes une partie de l'année.

LE BOMBARDIER D'EAU

C'est un hydravion amphibie : il peut atterrir et amerrir. On l'appelle « bombardier d'eau » car on l'utilise pour éteindre les grands incendies.

Les trappes de largage : *le pilote commande leur ouverture depuis son tableau de bord.*

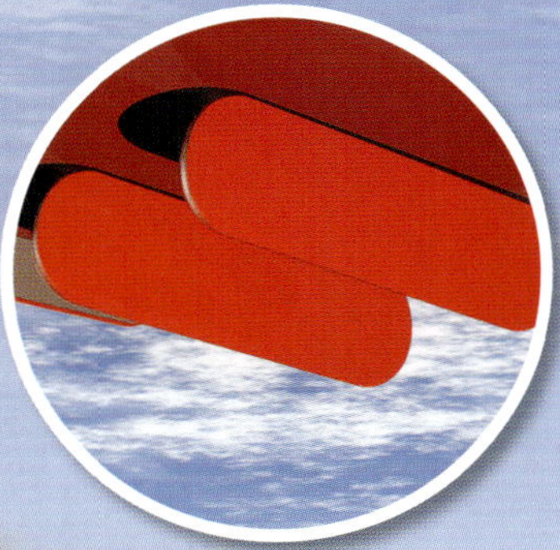

Les soutes : *elles abritent les réserves d'eau et de produit moussant. Elles en contiennent plusieurs milliers de litres.*

Le largage : l'appareil descend à environ 50 m au-dessus des flammes, parfois 30 m. Le pilote le dirige face au vent puis commande le largage : les trappes des réservoirs s'ouvrent, laissant échapper un mélange d'eau et de produit moussant.

Les pilotes de ces bombardiers d'eau sont les pompiers du ciel. Ils font des va-et-vient entre les plans d'eau et les incendies. Pour que le largage soit efficace, ils doivent tenir compte de vents parfois violents.

L'écopage :
avant le largage, il faut aller chercher l'eau. C'est l'écopage. L'avion rase le plan d'eau pour remplir rapidement les réservoirs. L'opération dure quelques secondes. Des pompes envoient alors dans les réservoirs d'eau du produit moussant qui aidera à éteindre l'incendie.

Les trappes d'écopage : *petites et munies de grilles, elles ne freinent pas l'appareil au moment où il rase le plan d'eau pour remplir ses réservoirs.*

Cet avion bombardier d'eau répand une bouillie rouge : c'est un mélange d'eau et de produit retardant qui se dépose sur les arbres et les empêche de s'enflammer.

LES PREMIERS HÉLICOPTÈRES

Ils n'ont pas d'ailes, comme les avions, mais des pales. Elles sont réunies autour du rotor. Quand elles tournent, l'appareil s'élève.

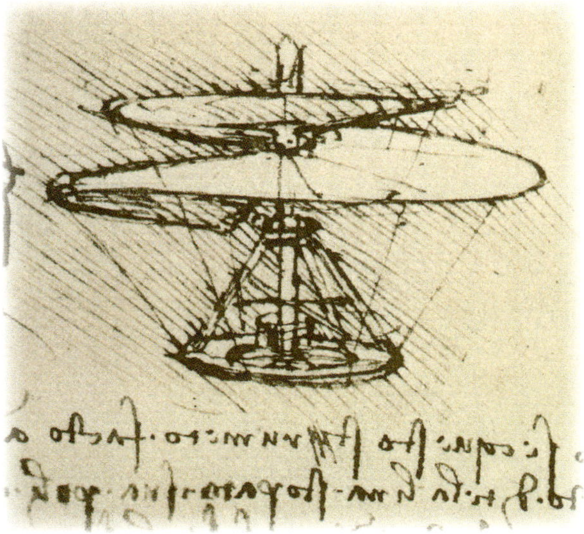

Au XVe siècle, l'artiste Léonard de Vinci dessina une sorte d'hélicoptère : une aile rotative qui ressemblait à une vis.

En 1924, un Argentin, le marquis Raoul Pateras Pescara, parcourt près d'un kilomètre sur un engin à rotors.

En 1939, l'Américain Igor Sikorsky décolle à bord de son **VS-300**. On dit que c'est le premier appareil de la famille des hélicoptères. Au rotor principal s'ajoute un rotor de queue, comme sur les appareils d'aujourd'hui.

UN HÉLICOPTÈRE

L'hélicoptère décolle à la verticale grâce aux pales tournant au-dessus de l'habitacle. Il peut aussi faire du surplace : c'est le vol stationnaire.

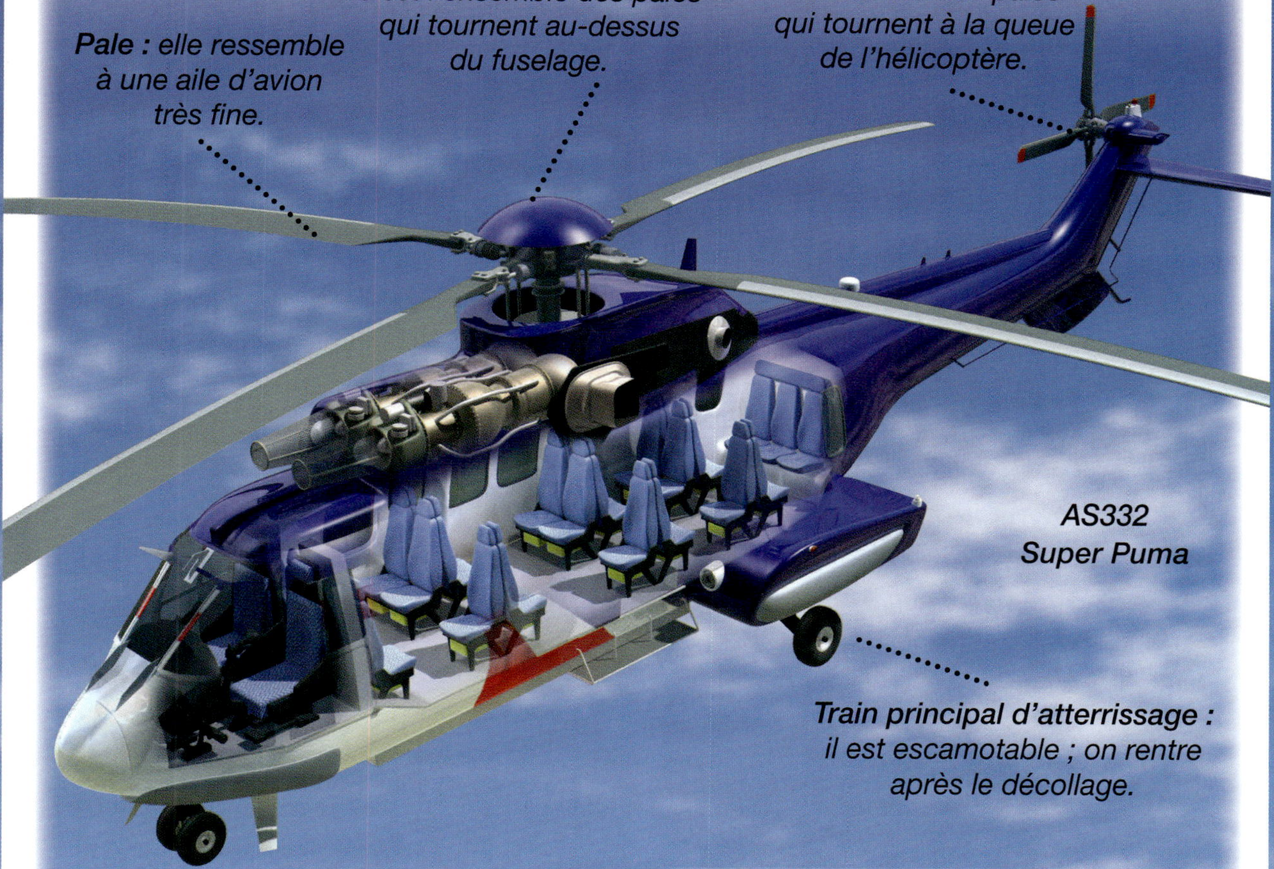

AS332 Super Puma

Dans le cockpit d'un hélicoptère, la visibilité doit être excellente devant et sur les côtés pour effectuer les différentes interventions. Un pilote et parfois un mécanicien de bord peuvent y prendre place.

L'UTILISATION DES HÉLICOPTÈRES

L'hélicoptère décolle et atterrit à la verticale. Il a donc besoin de peu de place et se pose plus facilement qu'un avion.

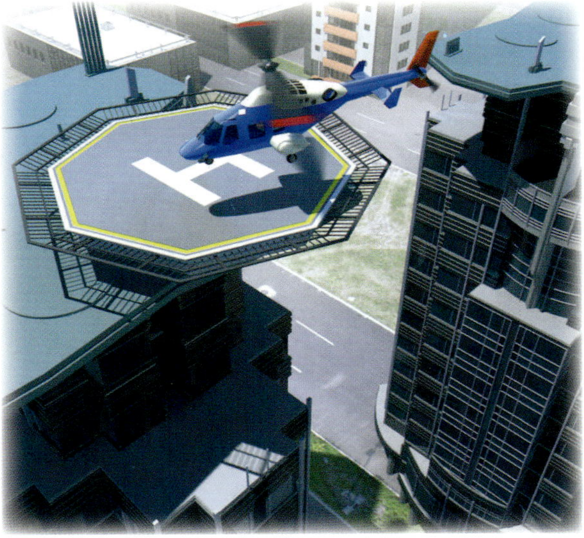

On peut aménager des hélisurfaces pour faciliter l'atterrissage des appareils. On en trouve par exemple sur les toits des hôpitaux, sur les plates-formes pétrolières ou encore sur les ponts de très gros bateaux !

En cas d'accident routier grave, on peut barrer la route pour permettre à l'hélicoptère de s'y poser. Si l'opération de secours a lieu en montagne, sur la neige ou sur la glace, on « chausse » l'appareil de patins.

Les hélicoptères ont des tailles et des puissances différentes. Leur équipement change selon leurs missions : sauvetage, transport de passagers et de matériel, hélitreuillage...

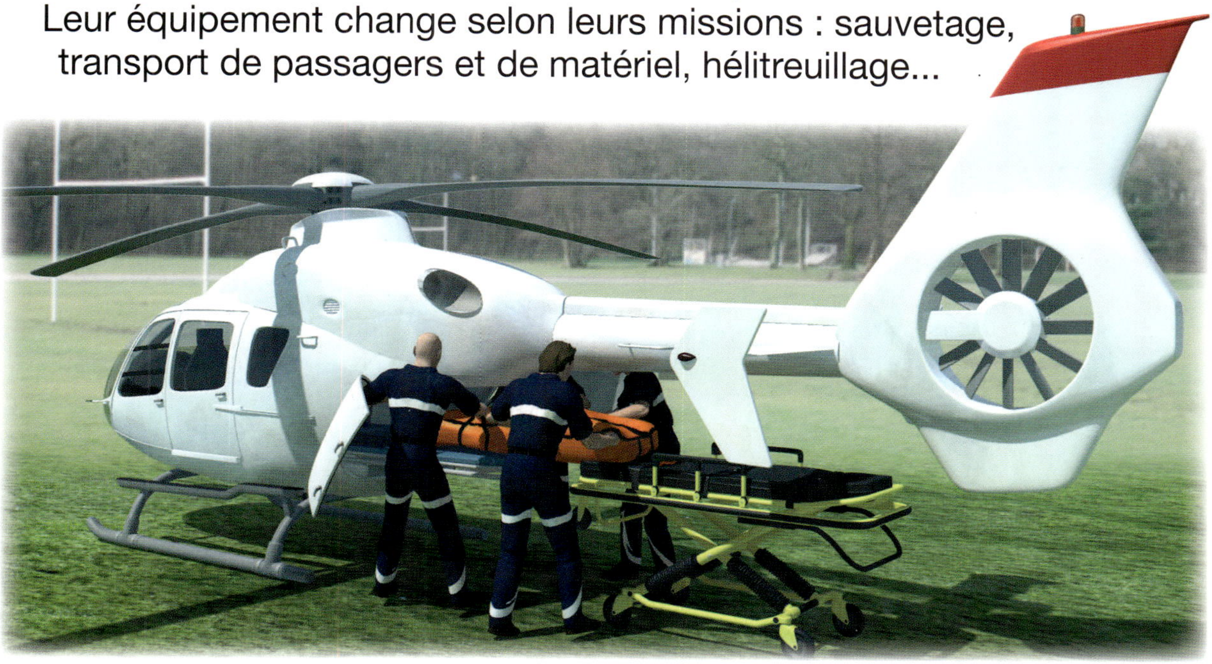

Un joueur s'est gravement blessé lors d'un match de rugby, il doit être emmené de toute urgence vers le centre hospitalier d'une grande ville. L'hélicoptère se pose sur la pelouse du stade.

Avec sa cabine rallongée, ce modèle d'hélicoptère permet de transporter un grand nombre de passagers.

Cet hélicoptère répand des traitements sur les vignes pour les protéger contre les maladies.

L'HÉLITREUILLAGE

Pour déposer des charges ou des personnes dans des lieux difficiles d'accès, ou les remonter, on a recours à un hélicoptère équipé d'un treuil.

Le sauveteur dirige la manœuvre : le blessé, équipé d'un harnais, est remonté à bord de l'appareil.

Ici, un hélicoptère bombardier d'eau, lesté d'un baquet, participe à la lutte contre l'incendie.

Cet hélicoptère fait un travail de grue volante en montagne : il livre un pylône de télésiège.

Prise au piège au milieu d'un champ inondé, cette vache est évacuée par hélicoptère.

L'AVIATION LÉGÈRE

L'AÉRODROME

C'est un petit aéroport où viennent décoller, atterrir et stationner des avions de tourisme qui appartiennent à l'aéro-club ou à des particuliers.

L'aérodrome comprend généralement une piste, un taxiway, parfois une tour de contrôle et un hangar où les avions sont abrités, et dans lequel on peut les réparer.

Avant de décoller, le pilote doit prendre des informations auprès du contrôleur ou de l'agent présent. S'il n'y a pas de contrôleur, il prend ses décisions seul et informe les avions qui sont à proximité par radio.

Le pilote se renseigne auprès des services météo et prévoit son itinéraire précisément. Il emporte son carnet de route : il y notera les heures de départ et d'arrivée, le nom des passagers, les problèmes rencontrés.

Le pilote a gagné le taxiway. L'avion est maintenant en attente sur le point d'arrêt. Il fait les essais moteur puis aligne l'avion dans l'axe de la piste. Le pilote met les gaz à fond pour que l'avion prenne son élan.

Les avions de tourisme emportent à leur bord entre 1 et 5 passagers. Ils décollent depuis les aérodromes prévus pour ces petits avions.

Le Cirrus SR22, ci-contre, peut accueillir au maximum 4 passagers. S'il n'y a pas de vent, il peut parcourir jusqu'à 1 500 km en 5 heures.

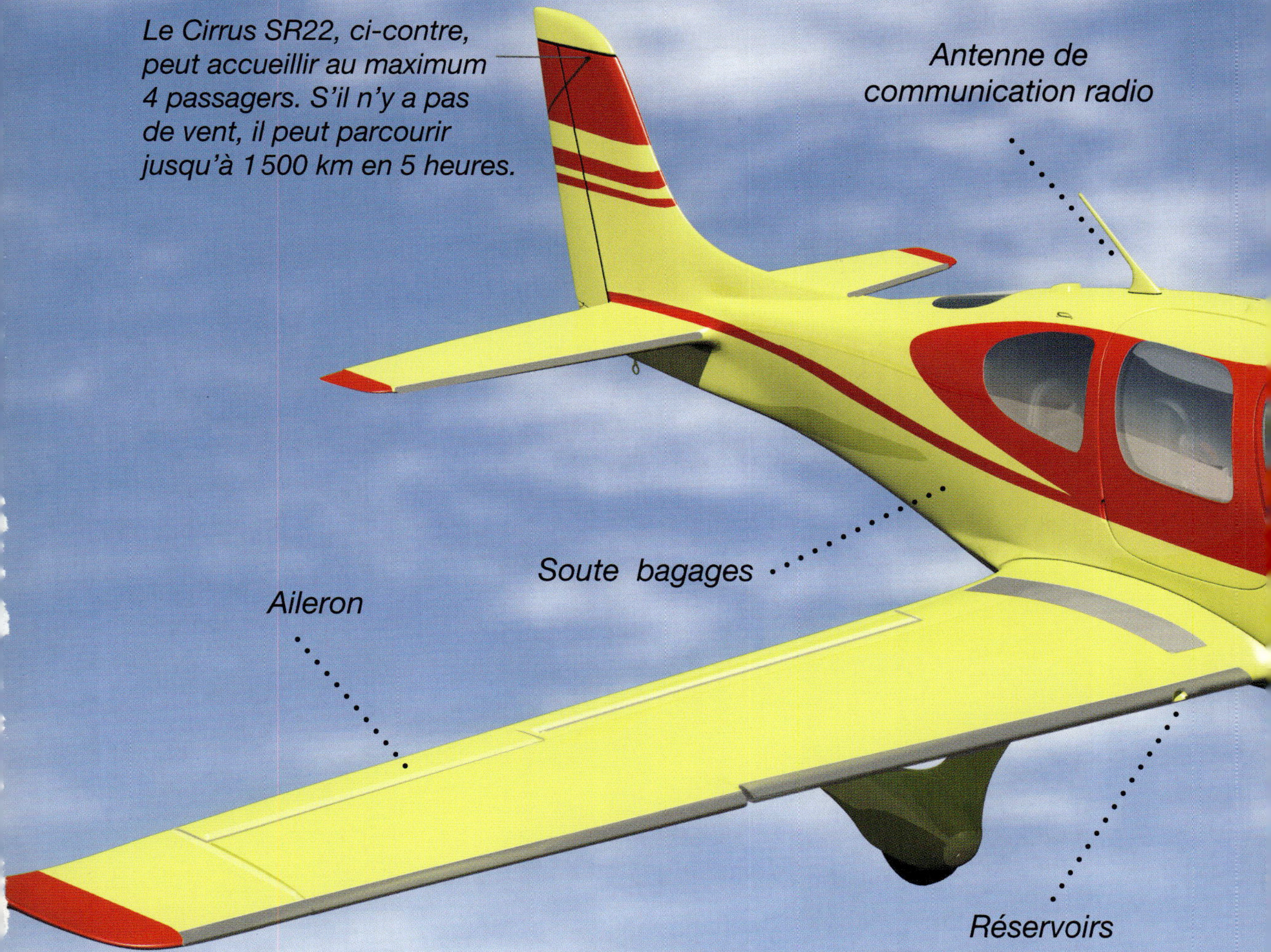

Le Cirrus SR22 est l'un des avions de tourisme les plus vendus au monde. Il est équipé d'un pilotage automatique et d'un système qui avertit s'il est trop proche d'un obstacle.

LES AVIONS DE TOURISME

Ces avions légers sont appréciés pour les loisirs et le tourisme. Pour les piloter, il faut de bonnes conditions météo et un ciel dégagé.

Le Grob G115 *convient bien à la formation des pilotes. Avec son grand cockpit vitré, il est aussi adapté à l'exécution de figures de voltige.*

Le Diamond DA42 Twin Star *consomme peu de carburant. Pouvant transporter 3 passagers, il est parfois utilisé comme avion-taxi.*

Le Cessna 337 Skymaster *est reconnaissable à ses deux poutrelles qui supportent les dérives de l'avion. C'est un bimoteur : un moteur est placé sous le nez, l'autre à l'arrière du fuselage.*

Le Cessna 172 Skyhawk *peut emporter 4 passagers. Très stable, il est idéal pour prendre des photos aériennes.*

L'ALTIPORT

En montagne, on aménage un altiport. Les pilotes sont entraînés à se poser dans cet environnement, même quand la piste est enneigée.

Au décollage, il faut une piste à forte pente pour que l'avion prenne de la vitesse rapidement, sur une courte distance.

À l'atterrissage, l'avion ralentit en remontant la piste. Il gagne l'aire de stationnement qui se trouve sur la partie haute de l'altiport.

L'hiver, le pilote peut atterrir sur la neige et même sur les glaciers. Les roues de l'avion sont fixées sur de larges skis.

LA VOLTIGE

La voltige aérienne est un sport pratiqué avec un avion léger, capable de voler sur le dos et de supporter de brusques accélérations.

La boucle (ou looping) :
l'avion décrit un cercle. Il doit commencer et finir à la même altitude !

Le renversement :
l'avion monte à la verticale, bascule puis redescend également à la verticale.

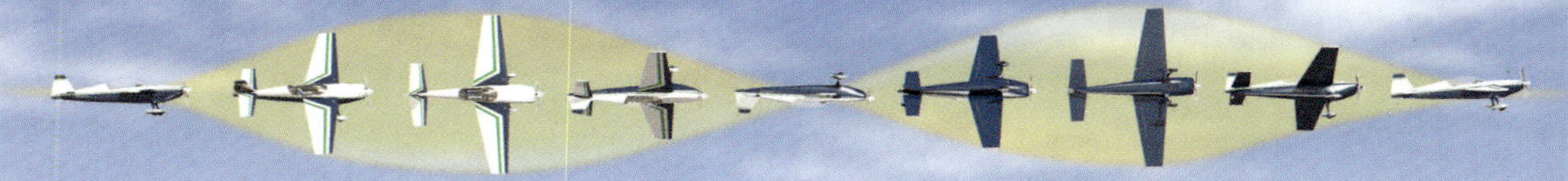

Le tonneau :
l'avion tourne sur lui-même. Il doit toujours rester sur le même axe. Le tonneau peut être lent, très lent, ou saccadé : l'avion semble marquer des temps d'arrêt.

APPRENDRE À PILOTER

On peut obtenir un premier brevet de base dès l'âge de 15 ans. L'apprentissage se fait dans un aéro-club, avec un instructeur.

L'élève pilote s'installe à gauche et l'instructeur à droite. L'avion-école est équipé de doubles commandes. L'élève apprend aussi les « règles de l'air », comme un conducteur apprend le code de la route. Dès l'âge de 17 ans, et après 45 heures de vol, il peut passer son brevet de pilote privé.

Au sol, l'élève s'entraîne parfois sur un simulateur. Il doit savoir réagir en cas de panne ou d'alerte météo : quand il sera pilote, il sera responsable de ses passagers.

Dans le cockpit, les informations nécessaires au pilote sont lisibles sur les instruments de bord. Dans un avion de tourisme, ils sont moins nombreux que dans un avion de ligne.

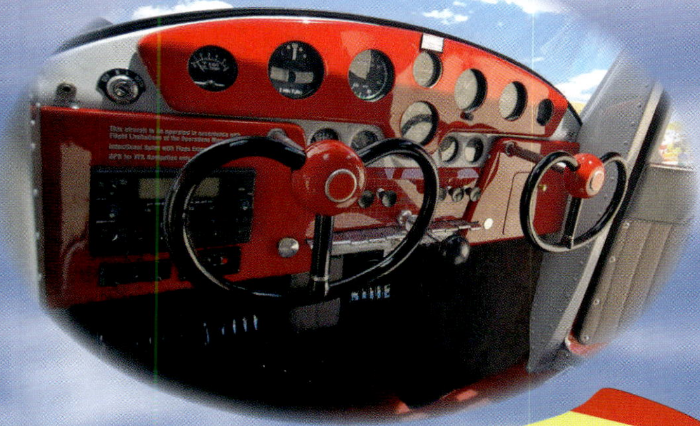

Les principaux instruments de vol indiquent au pilote la vitesse, la position de l'avion pendant le vol et son altitude. Une boussole (le compas) lui précise où se trouve le nord et lui permet de maintenir le cap. Dans les avions récents, ces informations apparaissent sur des écrans numériques (voir ci-dessous).

Le train d'atterrissage du Cirrus est fixe. Sur certains avions de tourisme, il est escamotable.

Le cockpit du Cirrus SR22

LE PLANEUR

Un planeur n'a pas de moteur. C'est un engin remorqueur qui va l'élever dans le ciel. On utilise le plus souvent un avion.

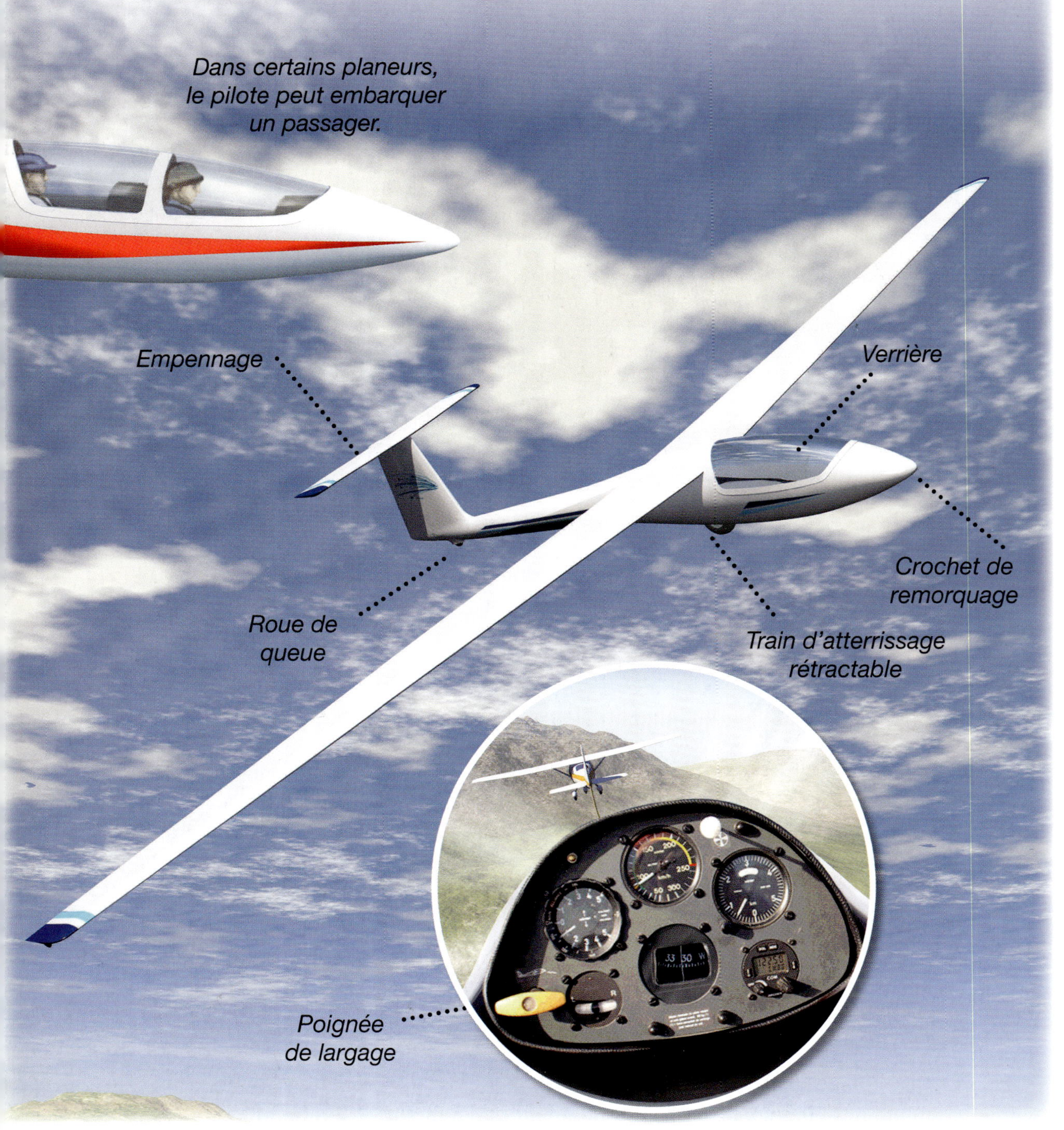

Arrivé à l'altitude voulue, le pilote largue le câble qui relie le planeur à l'avion remorqueur. Pour cela, il tire la poignée de largage.

Quand le câble est tendu, l'avion remorqueur accélère. Le planeur décolle et prend de l'altitude. Après le largage du câble, il continuera à monter.

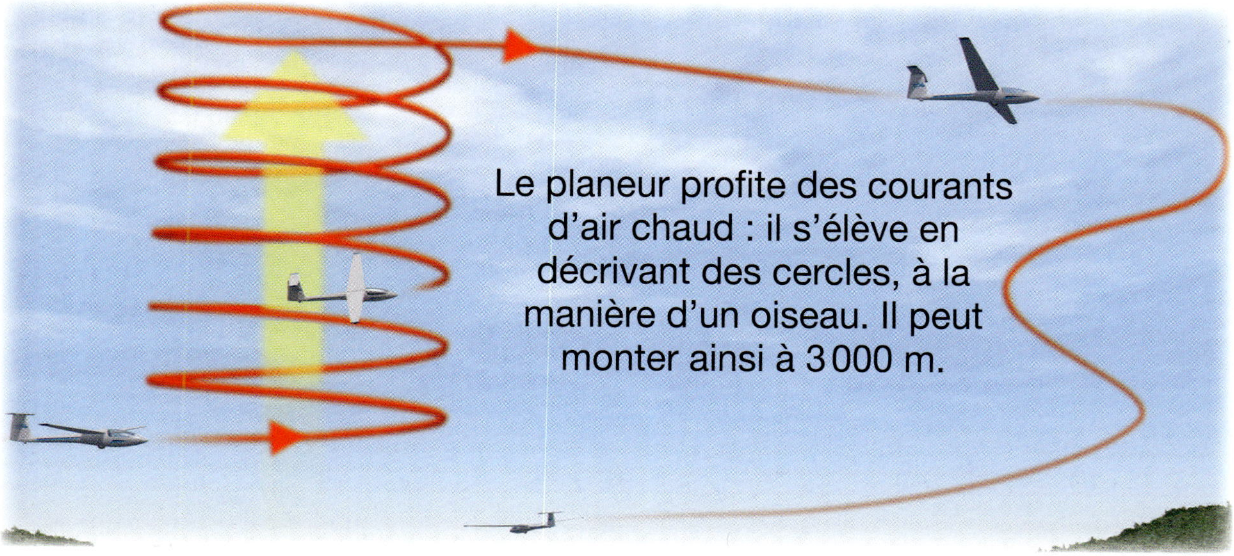

Le planeur profite des courants d'air chaud : il s'élève en décrivant des cercles, à la manière d'un oiseau. Il peut monter ainsi à 3 000 m.

Lorsque le planeur perd de l'altitude, le pilote peut à nouveau trouver un courant ascendant ou choisir d'atterrir. Il sort alors les aérofreins.

LES COURSES D'AVIONS

Les différentes épreuves de courses aériennes mettent en compétition les meilleurs pilotes de voltige. Elles attirent de nombreux spectateurs.

Le pilote slalome entre des plots gonflables. Il perd des points s'il en percute ou s'il vole à trop haute altitude.

Les plots sont accrochés à des barges. Ils résistent bien au vent mais se déchirent dès qu'un avion les touche. Ils sont alors remplacés très rapidement et la course reprend.

Les avions ne doivent pas dépasser 370 km/h.

LE DELTAPLANE

Suspendu à son aile delta, en forme de triangle, le pilote plane comme un oiseau et se dirige à l'aide de son corps et de la barre de direction.

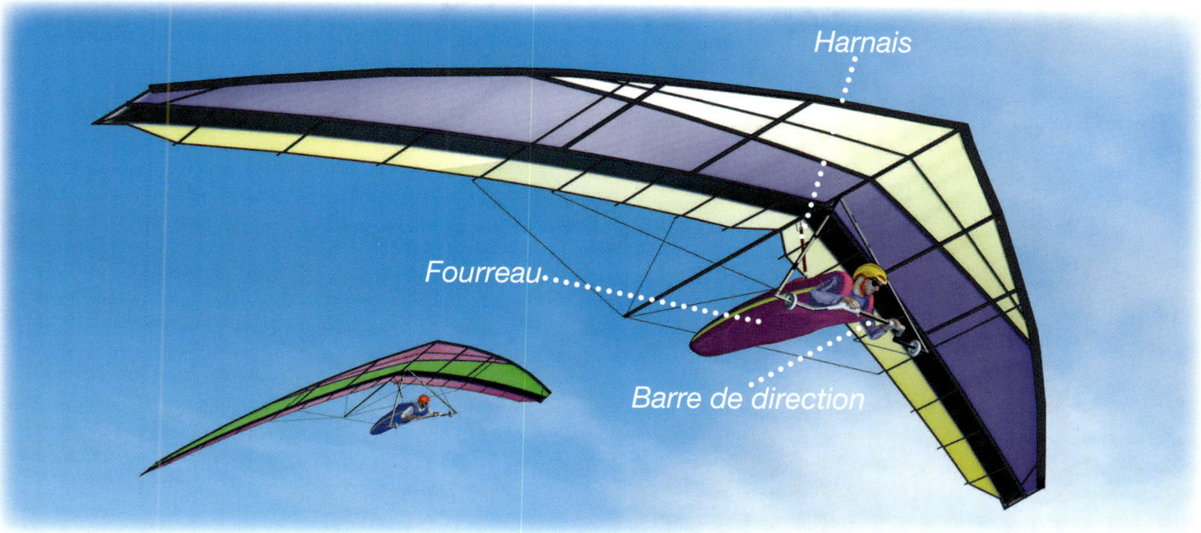

Protégé par un casque, le pilote est enveloppé dans une sorte de duvet (le fourreau). Un harnais le suspend à son aile. Il prend appui sur la barre comme sur celle d'un trapèze.

Le pilote prend son élan depuis le haut d'une falaise ou d'une montagne puis se laisse porter par son aile.

Sur le deltaplane, on peut parfois voler à deux : un pilote et son passager.

LE PARAPENTE

C'est une aile à laquelle on suspend une sorte de siège : la sellette. Le pilote décolle le plus souvent du haut d'une pente.

Les parapentistes choisissent des sites adéquats et très beaux à survoler, souvent en montagne. Quand un vent léger souffle face à la pente, la voile se gonfle plus facilement et le décollage est plus rapide.

Avec ses mains et parfois ses pieds, le pilote actionne les commandes pour freiner ou accélérer.

Le parapentiste court en haut de la pente jusqu'à atteindre la vitesse suffisante pour décoller.

Pour décoller sur terrain plat, on peut fixer un moteur sur son dos. Le parapente devient un paramoteur !

D'AUTRES ULTRALÉGERS MOTORISÉS

Le planeur et le paramoteur font partie de la famille des ultralégers motorisés (ULM), tout comme le pendulaire et l'autogyre.

Le pendulaire est une sorte de deltaplane à moteur qui ressemble à une moto volante. Le pilote le dirige grâce à la barre de contrôle. L'appareil peut se déplacer à 150 km/h, plus vite qu'une voiture sur autoroute !

L'autogyre ressemble à un hélicoptère, mais c'est le vent qui entraîne le rotor (voir les pages sur les hélicoptères). Le moteur n'actionne que l'hélice arrière, qui sert surtout au décollage.

VOILES ET AILES

Le parachute ascensionnel s'élève quand la voile gonfle. Le wingsuit ressemble plutôt à une aile qui permet de planer puis de descendre.

Le **wingsuit** n'est pas un engin, mais une combinaison ailée qui se gonfle d'air et permet de réaliser des sauts depuis un avion ou une très haute falaise. Cette activité est dangereuse et est pratiquée par des sportifs bien entraînés.

La voile du **parachute ascensionnel** se gonfle au fur et à mesure que le parachutiste, tracté par une voiture ou un bateau, s'élève. Parvenu à la bonne altitude, il peut se laisser tracté ou, s'il est expérimenté, décrocher le câble.

LE PARACHUTISME

La voile de Nylon d'un parachute moderne est rectangulaire. Le pilote est équipé d'un parachute de secours, plié dans son sac à dos.

Le parachutiste saute d'un avion. Pendant quelques secondes, il descend en chute libre et a la sensation de glisser dans l'air.
Il tire ensuite la poignée d'ouverture du parachute.
La chute est freinée par la voile et il peut se poser en douceur.

En vol collectif, les coéquipiers enchaînent des figures le plus rapidement possible.

Ce parachutiste s'entraîne à atterrir avec précision tout près du centre d'une cible posée au sol.

LES MONTGOLFIÈRES

Gonflés d'air chaud, plus légers que l'air froid, ces ballons s'élèvent dans le ciel et sont poussés par le vent.

En 1783, les frères Montgolfier construisent le premier ballon avec un tissu de coton recouvert de papier huilé. Le 19 septembre 1783, un mouton, un coq et un canard embarquent dans la nacelle. Le ballon monte à 500 mètres et le vol dure 8 minutes. Le roi Louis XVI assiste à cet exploit. Le 21 novembre 1783, pour la première fois, deux hommes s'envolent à bord d'une montgolfière. Décoré aux couleurs royales, le ballon monte à 1 000 mètres d'altitude et parcourt 9 kilomètres !

Le ballon est en Nylon recouvert d'un produit qui résiste à la chaleur : la température peut atteindre 100 °C quand on remplit le ballon d'air chaud.

La nacelle est en osier, un matériau léger et résistant.

Le pilote est attentif à garder la bonne altitude et à atterrir en douceur. Il ne sait pas à l'avance où il va se poser : cela dépend de la direction du vent.

Le ballon est d'abord rempli d'air froid. Puis l'air est réchauffé à l'aide d'un brûleur. Le ballon se gonfle, se redresse et décolle.

Au-dessus de la tête des pilotes, on voit les brûleurs, qui sont reliés par un gros tuyau aux bouteilles de gaz logées dans la nacelle. Le pilote tire de temps en temps la manette des brûleurs pour monter et rester à la bonne altitude.

La corde de soupape permet d'ouvrir un espace en haut du ballon. L'air froid rentre, le ballon s'alourdit et descend.

LES DIRIGEABLES

Dans les années 1920, ces ballons géants ont transporté des milliers de passagers, notamment entre l'Europe et l'Amérique.

Le Brésilien Alberto Santos-Dumont construit plusieurs dirigeables. En 1901, il fait voler un ballon au-dessus de Paris et passe près de la tour Eiffel.

En 1937, un dirigeable appelé « Hindenburg » prend feu pendant son atterrissage. Beaucoup de passagers perdent la vie. Pendant des années, on n'a plus utilisé ces ballons pour le transport des personnes.

Depuis quelques années, on fabrique à nouveau des dirigeables. Ils sont gonflés à l'aide d'un gaz qui ne s'enflamme pas : l'hélium.

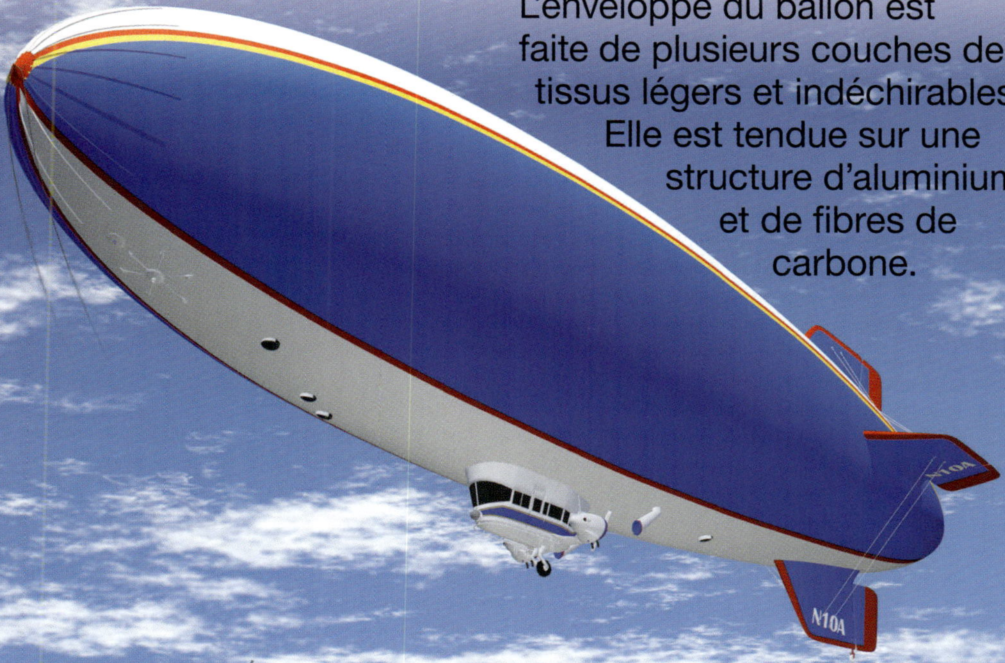

L'enveloppe du ballon est faite de plusieurs couches de tissus légers et indéchirables. Elle est tendue sur une structure d'aluminium et de fibres de carbone.

Lorsque le ciel est dégagé et le vent faible, le dirigeable peut décoller. Une douzaine de passagers prend place à bord de la nacelle accrochée sous le ballon. L'équipe au sol va détacher le mât qui maintenait l'appareil à terre.

CRÉDITS PHOTOGRAPHIQUES

Page 8 : La chute d'Icare © Archives Alinari /RMN-Grand Palais / Luciano Pedicini. Léonard de Vinci expérimentant sa machine volante © Bianchetti/Leemage. Croquis de Léonard de Vinci : aile mécanique © Archives Alinari/Corbis. **Page 9 :** le moine Eilmer Malmesnury © Dorling Kindersley/GettyImages. Machine de Besnier © SSPL/GettyImages. Otto Lilienthal, 1896 © GettyImages. **Page 10 :** Premier aéroplane de F. du Temple © Roger-Viollet. Albatros de Le Bris © DR. **Page 11 :** L'Eole de Clément Ader © Archives Charmet/ Bridgeman Art Library. Premier vol des frères Wright © GettyImages. **Page 12 :** Le Petit Journal, Santos Dumont © Leemage/GettyImages. Vol de Farman, 1908 © Popperfoto/GettyImages. Traversée de la Manche par Louis Blériot © Popperfoto/GettyImages. **Page 13 :** Le Petit Journal, Roland Garros © Leemage. Charles Lindberg devant son avion © Akg/Glasshouse Images. Compagnie de l'Aéropostale © Leemage. Portrait de Saint-Exupery © Adoc-photos/Corbis. Portrait de Mermoz © Lee/Leemage. **Page 32 :** Aéroport de Nice © J. Kelagopian/Aéroports de la Côte d'Azur. Chargement fret © G. Pease/GettyImages. **Page 53 :** Écran de visualisation cabine © Tomas/Fotolia. **Page 59 :** Cimetière d'avions © L. Psihoyos/Corbis. **Page 61:** Animal, bélouga © Fotolia. **Page 63 :** Spaceplane © Astrium/Masterimage. **Page 64 :** Aile volante X48-C © Nasa/C. Thomas. Zehst, image du bas © Eads. **Page 65 :** Image du haut © Solar Impulse. **Page 68 :** Nieuport © Bettmann/Corbis. Largage à la main © Rue des Archives/PVDE. Junkers J1 © Museum of Flight/Corbis. **Page 69 :** Sopwith Camel © Bettmann/Corbis. Combat avec Spad © Mary Evans/Rue des Archives. **Page 70 :** Handley Page © The Granger Coll./ Rue des Archives. Spitfire © Bettmann/Corbis. **Page 71 :** Flying Fortress © Bettmann/Corbis. Messerschmitt Me262 © Rue des Archives/PVDE. Douglas C47 © The Granger Coll./Rue des Archives. **Page 98 :** Propulseur à hélice de Léonard de Vinci © RMN Grand-Palais (Institut de France)/Agence Bulloz. Hélicoptère de Pescara © Bettmann/Corbis. Hélicoptère de Sikorsky © Bettmann/Corbis. **Page 109 :** Cockpit avion de tourisme © M. Rasmussen/Fotolia. **Page 120 :** Le ballon des frères Montgolfier, 1783 © GettyImages. **Page 122 :** Dirigeable de Santos-Dumont, 1901 © SPPL/Leemage. Dirigeable Hindenburg,1937 © DR.

MDS : 661034
ISBN 978-2-215-14167-9

Dépôt légal à la date de parution.
Conforme à la loi n° 49-956 du 16 juillet 1949
sur les publications destinées à la jeunesse.
Imprimé en Italie (09/16)

le monde des imageries

Dès 1 an

Des livres

qui grand

Découvre tes pr

La collection Pourquoi - comment ? répond aux q

la collection des grandes imageries : animaux - tra

32 pages + des images à découper.